All new 개정판

Bunka

文化

日本語 4

시사일본어사

머 리 말

『All new 개정판 文化日本語❶·❷·❸·❹』는 처음으로 일본어를 배우는 사람들을 위한 교재로, 1987년(한국판 1998년)에 출판된 『문화일본어1·2』그 개정판『SHIN Bunka Japanese 1·2』『New Bunka NIHONGO 입문회화1·2 / 초급회화1·2』의 특장점을 살리면서 보다 효과적이고 재미있게 일본어를 학습할 수 있도록 작성했습니다.

이 교재가 목표로 하고 있는 것은 학습자가 일상 생활 속에서 자신이 말하고 싶은 것을 상대에게 전하거나 상대가 전하려는 것을 이해하는 힘을 키우는 것입니다. 작성에 앞서 초급 학습자에게 있어 필요한 일본어는 무엇인지를 염두에 두고, 학습항목을 다시 선정하고 그 제출순서를 재검토했습니다. 또한, 학습한 일본어를 실제 생활 속에서 사용할 수 있게 되는 것을 목표로 하여, 본문, 문형의 예문, 연습을 작성했습니다. 더욱이 본문에 대해서는 일본어를 배우는 유학생이 교실에서 일본 사회로 활동 범위를 넓혀간다는 스토리 전개 속에서 일본에서 생활하는데 있어서 필요한 지식도 즐겁게 배울 수 있도록 고안했습니다.

본 책의 출판에 있어서 학교 내외에서 많은 분들로부터 도움을 받았습니다. 특히 시험판을 사용해 주신 선생님 및 학생 여러분에게 이 자리를 빌어서 깊이 감사 드립니다. 앞으로 많은 분들이 이 교재를 사용해 주시고 의견을 주시면 감사하겠습니다.

2013년 8월

国 頭 美 紀
白 岩 麻 奈
八 田 浩 野
平 川 奈津子
広 田 周 子

이 교재에 대해서

1. 대상자와 목표

이 교재는 장래 일본 대학이나 전문학교 등에 진학을 희망하고 처음 일본어를 배우는 학습자를 대상으로 하여 만들었습니다. 진학을 희망하는 학습자의 경우, 초급 일본어학습에서는 장래에 고등교육을 받을 때에 필요한 응용력을 쌓기 위한 기초실력을 쌓는 것이 요구됩니다. 그렇기 때문에 작성에 있어서 문법을 정확하게 이해하는 힘, 상대가 말하려는 것을 이해하는 힘, 자신이 말하고 싶은 것을 적극적으로 표현하는 힘을 익히는 것을 목표로 하고 있습니다.

2. 특징

이 교재는 매개어를 사용하지 않기 때문에 새롭게 학습하는 문형이 쓰이는 장면이나 상황의 이해에 도움이 되도록 일러스트를 많이 게재했습니다.

각 과의 본문에서는 학습자가 일본에서 생활하는 가운데 조우할 수 있는 장면을 골라서, 학습자에게 친밀한 내용으로 스토리를 구성했습니다. 각 문형을 이해하기 위한 예문은 실제 발화로 이어지도록 자연스러운 회화나 문장을 제시했습니다. 또한, 연습은 문형의 정착을 목표로 한 대입연습에 추가하여 학습자가 자신의 이야기를 하는 연습도 담았습니다.

3. 구성

각각의 과는 本文(ほんぶん) 文型(ぶんけい) 練習(れんしゅう) 言葉(ことば)로 구성되어있습니다.

· **本文**(ほんぶん)

본문은 학습자와 관련된 장면을 골라 그 안에서 문형을 제시한 것입니다. 주로 회화문이지만 작문이나 일기 등도 있습니다. 본문의 취급방법은 과에 따라 다르지만 모델회화나 모델작문으로 다루는 것을 의도한 것이나 이해중심의 것도 있습니다.

· **文型**(ぶんけい)

그 과에서 학습한 신출문형을 제시하여 실제 회화로 이어지도록 예문을 든 것입니다. 새로운 활용 등은 필요에 따라 활용표나 표로 나타내고 있습니다.

· **練習**(れんしゅう)

문형의 의미나 사용법 확인으로서 대입연습과 그 응용으로서 「☆友達と話しましょう」,더욱이 「友達と話そう」（『All new 개정판 文化日本語❸·❹』）가 있습니다. 학습자가 문형의 의미를 충분히 이해하고, 자신의 표현으로 정착시키는 것, 또한 클래스 메이트의 이야기를 흥미를 갖고 듣고 서로 이해하는 것도 목표로 하고 있습니다.

· チャレンジ! 는 본문이나 문형과 관련된 발전성 있는 활동으로 운용력을 높이는 것을 목표로 하고 있습니다.

· 그 외

제 11, 12, 16, 19과에는 그 과의 테마와 관련 있는 어휘를 모아놓은 ことば 페이지가 있습니다. 필요에 따라 학습자에게 소개해 주세요.

제 21, 24, 28과에는 이미 배운 문형을 정리하여 다른 점을 확인할 수 있도록 参考(さんこう) 페이지를 만들었습니다.

4. 그 외

· 50음 색인

각 과의 신출어의 일람입니다. 50음순으로 정리하여 처음 나온 과를 적었습니다.

· 한자

기본적으로 상용한자를 사용하고 있습니다. 히라가나가 사용되는 경우가 많은 어구에 관해서는 히라가나로 표기하였습니다. 또한, 학습자의 부담을 덜기 위해 한자에 후리가나를 달았습니다.

· 부속 CD

부속 CD로 본문의 음성을 들을 수 있습니다(제 17과 本文1 제외). CD플레이어, 컴퓨터, 디지털 오디오기기 등에서 재생 가능합니다. MP3 형식의 사용법에 대해서는 http://book.japansisa.com/faq_1.asp 를 참고해 주세요.

· 관련 출판물

『All new 개정판 文化日本語❶·❷·❸·❹ WORK BOOK』

50음 색인 보는 법(p.128)

이 색인은『All new 개정판 文化日本語❹』의 각 과에서 신출어로서 다루어진 어구를 50음순으로 나열한 것입니다.

표제어	한자표기 등	품사	처음 나온 과
アイスクリーム			生
あいだ[場所]	間		15
あいだ[時間]	間		19
あおもりけん	青森県	特名	32
いらっしゃる[行く]		動1	8
いらっしゃる[いる]		動1	11
いる		動2	5
(お)かし	(お)菓子		5
かんたん	簡単	な形	12
ゲーム(を)する		動3	9
すずき　いちろう	鈴木一郎	特名	25
すずしい	涼しい	い形	22
(けがを)する		動3	19
(イヤリングを)する		動3	19
(食べ)にくい		い形	14
(生活)について			13

① **[ ]**
같은 어형의 말과 의미가 다른 것을 나타낸다.

② **(お)**
미화어「お／ご」를 나타낸다.

③ **( )**
표제어와 결합되어 쓰이는 말을 제시한다. 또한 표제어만으로는 의미를 알기 어려운 말을 나타내기 위해 기재했다.

④ 품사의 약칭

- 動1　1그룹 동사
- 動2　2그룹 동사
- 動3　3그룹 동사
- い形　い형용사
- な形　な형용사
- 特名　특별한 명사
- 공란　그 외, 명사나 부사 등

⑤ 처음 나온 과

- 生　生活の言葉
- 1　第1課

목차

『All new 개정판 文化日本語』 시리즈

1

教室(きょうしつ)の言葉(ことば)

生活(せいかつ)の言葉(ことば)

第1課　私(わたし)はワン・シューミンです。

第2課　吉田(よしだ)さんの一日(いちにち)、佐藤(さとう)さんの一日(いちにち)

第3課　これは誰(だれ)のノートですか。

第4課　私(わたし)のかばんはあの黒(くろ)いのです。

第5課　冷蔵庫(れいぞうこ)の中(なか)にジュースがあります。

第6課　どんな映画(えいが)が好(す)きですか。

第7課　財布(さいふ)を落(お)としました。

第8課　天気(てんき)はどうでしたか。

第9課　説明(せつめい)をよく聞(き)いてください。

2

第10課　団体旅行(だんたいりょこう)

第11課　自己紹介(じこしょうかい)

第12課　簡単(かんたん)！ 日本料理(にほんりょうり)クラス

第13課　インタビュー調査(ちょうさ)

第14課　サラさんの日記(にっき)

第15課　どちらのほうが近(ちか)いですか。

第16課　病院(びょういん)

第17課　アルバイト

第18課　ドライブに行(い)きませんか。

주요 등장인물

日本語学校(にほんごがっこう)の留学生(りゅうがくせい)

ラフル・チャダ

(インド)

＊チンと同(おな)じ学生会館(がくせいかいかん)

チン・コウリョウ

(台湾(たいわん))

＊ラフルと同(おな)じ学生会館(がくせいかいかん)

マリー・マルタン

(カナダ)

ワン・シューミン

(シンガポール)

リー・ミン

(中国(ちゅうごく))

キム・ヨンス

(韓国(かんこく))

アルン・アマラポーン

(タイの留学生(りゅうがくせい))

＊ワンの友達(ともだち)

萩原先生(はぎわらせんせい)

西田先生(にしだせんせい)

＊日本語学校(にほんごがっこう)の先生(せんせい)

佐藤 武
（会社員）

吉田 良子
（大学生）

原 京子
（音楽大学の学生）
＊吉田良子の友達
＊ワンと同じ学生会館

鈴木 一郎
（会社員）

鈴木 幸子
（会社員）

鈴木 健志
＊一郎と幸子の子供

鈴木 伸
＊一郎と幸子の子供

第27課

進学準備

本文

1　オープンキャンパスに行きませんか。

CD- 02~

小林咲…高校３年生。マリー・マルタンの友達。

マリー・マルタン…カナダから来た留学生。日本語学校で勉強している。

（喫茶店で）

咲：マリーさんは来年何の勉強をしますか。

マリー：ファッションの勉強をするつもりです。

咲：そうなんですか。私もです。もう学校を決めましたか。

マリー：いいえ。まだ迷っているんです。

咲：じゃあ、今度すみれファッションスクールという学校のオープンキャンパスがあるんですが、いっしょに行きませんか。

マリー：いいですね。私もその学校のことを知りたいと思っていたんです。

咲：オープンキャンパスは次の土曜日と来月の１０日です。マリーさんも行けますか。

マリー：ええ。

咲：どちらがいいですか。

マリー：どちらでもだいじょうぶです。

咲：じゃあ、次の土曜日にしましょう。今、予約しますね。

マリー：ええ。でも、次の土曜日はあさってですが、まだ間に合うでしょうか。

咲：そうですね…。間に合わなければ来月にしましょう。

マリー：ええ。

文型(ぶんけい)

1　どちらでもいいです。

1）A：いつこの本(ほん)を返(かえ)せばいいですか。

　　B：いつでもいいです。ゆっくり読(よ)んでください。

2）A：コーヒーと紅茶(こうちゃ)とどちらがいいですか。

　　B：どちらでもけっこうです。

3）A：あさって、どこで会(あ)いましょうか。

　　B：そうですね。私(わたし)は学校(がっこう)から近(ちか)い所(ところ)ならどこでもいいです。

4）A：何(なに)を食(た)べに行(い)きましょうか。

　　B：辛(から)い物(もの)はちょっと苦手(にがて)なので、それ以外(いがい)なら何(なん)でもいいです。

　　A：じゃあ、和食(わしょく)にしましょうか。

　　B：いいですね。

文型(ぶんけい)

2　間(ま)に合(あ)わなければ来月(らいげつ)にしましょう。

「～ば」の形(かたち)

	基本体(きほんたい)	～ば（肯定形(こうていけい)）	基本体(きほんたい)	～ば（否定形(ひていけい)）
い形容詞(けいようし)	高(たか)い	高(たか)ければ	高(たか)くない	高(たか)くなければ
	※いい	よければ	よくない	よくなければ
動詞(どうし)	終(お)わる	終(お)われば	終(お)わらない	終(お)わらなければ
	ある	あれば	ない	なければ

1）A：顔色が悪いですね。明日は休んだほうがいいんじゃありませんか。

B：明日の朝起きた時、具合が悪ければ休みます。

2）A：時計を買うんですか。

B：ええ、あまり高くなければ買おうと思っています。

3）A：今夜のパーティー、どうしますか。

B：仕事が早く終われば行きますが、終わらなければ行きません。

4）A：日曜日のハイキング、楽しみですね。

B：そうですね。

A：ところで、お弁当はどうしますか。

B：時間があれば作りますが、なければ買います。

本文

2　ちょうど今、受付が始まるところです。

CD- 04~

（すみれファッションスクールで）

咲：すみません、オープンキャンパスに来たんですが、
どこへ行けばいいですか。

先生：あちらです。
ちょうど今、
受付が始まるところですから、
列の最後にお並びください。

咲：ありがとうございます。

（学校説明会の会場で）

マリー：わあ、前の方はもういっぱいですね。

咲：ええ。座れそうにありませんね。

マリー：そうですね。じゃあ、この辺に座りましょうか。

すみれファッションスクール
OPEN CAMPUS
スケジュール

9：30	受付
10：00	学校説明会（大ホール）
12：00	昼 食
13：00	体験授業（教室）
17：00	終 了

（帰り道で）

マリー：オープンキャンパスに来てよかったですね。

咲：ええ、学科の内容がよくわかりましたね。
マリーさんはこの学校を受けますか。

マリー：ええ。ぜひこの学校に入りたいです。
でも、入学試験には面接もあるので、心配です。

咲：私も心配だったので、面接の本を買ったんです。

マリー：そうですか。

咲：わかりやすかったですよ。貸しましょうか。

マリー：いいんですか。

咲：ええ。私はもう読んでしまいましたから。

マリー：ありがとうございます。

咲：じゃあ、今度持って来ますね。

文型

3　ちょうど今、受付が始まるところです。

1）姉：ただいま。もうドラマ、始まった？
　　妹：今、始まるところだよ。
　　姉：よかった。

2）A：そのはさみ、貸して。
　　B：ごめん。これから使うところなんだ。

3）（学生会館で）
　　A：これからスーパーに買い物に行くんだけど、いっしょに行かない？
　　B：ごめん。今からごはんを食べるところなんだ。

4）（会社で）
　　A：この段ボール箱、片付けましょうか。
　　B：それはこれから使うところだから、
　　　置いといてください。

練習a　例のように言いましょう。

文型 3

例）買い物に行く／晩ごはんを作る
　　（学生会館で）
　　A：今から買い物に行くんだけど、いっしょに行かない？
　　B：ごめん。これから晩ごはんを作るところなんだ。

1．ケーキを食べに行く／先輩と出かける
2．カラオケに行く／明日の試験の勉強をする
3．私の部屋で映画を見る／アルバイトに行く

文型

4　座れそうです。

座れそうにありません。

1）（駅のホームで）

Ａ：あまり込んでいませんね。

Ｂ：そうですね。座れそうですね。

2）（学生会館で）

Ａ：そのレポートはいつまでに出さなくてはいけないんですか。

Ｂ：明日の１０時までです。

Ａ：そうですか。だいじょうぶですか。

Ｂ：ええ、今晩がんばれば間に合いそうです。

3）（電話で）

先生：明日は学校に来られますか。

学生：いいえ、まだ熱があるので、
　　　明日は行けそうにありません。

4）Ａ：ケーキ、もう少しいかがですか。

Ｂ：ありがとうございます。でも、おなかがいっぱいで食べられそうにないので…。

5）山田：この本、読んでみませんか。おもしろかったですよ。

サラ：日本語の小説ですか…。
　　　あ、でも漢字が少ないから、私にも読めそうですね。

6）教授：この論文を読んでみませんか。

学生：えっ、フランス語の論文ですか。私には読めそうにありません。

※　おなかがいっぱいで食べられそうもありません。

練習b 絵を見て例のように言いましょう。 文型 4

例）A：全部食べられますか。

B：ううん…。辛くて

食べられそうにありません。

全部食べる／辛い

1．明日、コンサートに行く／まだ熱が高い

2．この歌、歌う／速い

3．そのレポート、来週までに書く／テーマが難しい

文型

5　もう読んでしまいました。

1）日曜日に友達とハイキングに行く約束をしたので、
土曜日に全部宿題をしてしまうつもりです。

2）（学生会館で）
京子：「消えたダイヤ」のＤＶＤを借りたんだけど、
私の部屋でいっしょに見ない？
ワン：うん、見る。この手紙を書いてしまったら行くから、ちょっと待って。

3）Ａ：もうすぐ３時ですね。休憩しませんか。
Ｂ：そうですね。でも、もうちょっとだから、やってしまいましょう。

本文

3 面接試験

CD- 07~

面接試験について知ろう

面接試験は、受験生がその学校に入りたい理由や、その専門を勉強したい理由などを学校が知るために行います。試験を受ける前に、「どうしてその学校に入りたいか」「どうしてその勉強をしたいか」ということをよく考えて、上手に話せるように練習しましょう。

面接試験のマナー

1．面接室に入る時は、ノックをしてから入ります。
「失礼します。」とあいさつをして、入りましょう。

2．すぐにいすに座ってはいけません。
面接の先生が「どうぞ。」と言ったら、
「失礼します。」と言って座ります。

3．質問に答えている時は、体を動かしたり、
腕や足を組んだりしてはいけません。

4. 面接が終わったら、「ありがとうございました。」、
面接室を出る時には、「失礼します。」とあいさつをします。

話し方

1. 最後までよく質問を聞いてから答えます。
2. 面接の先生の質問には「です、ます」で答えます。
3. はっきり大きい声で話しましょう。

こんな時は…

1. 質問の意味がわからない時、何も言わないのはよくありません。
「すみません。質問がよくわからないんですが…。」と言いましょう。
2. 質問が聞こえない時は、「すみません。もう一度お願いします。」
と言います。
3. 専門的な質問など、日本語で説明できない質問が出た時は、
「日本語で説明するのは難しいんですが…。」などと言ってから、
知っている言葉を使って、できるだけ話しましょう。

面接では、自分が予想しなかった質問が出るかもしれません。
そんな時も落ち着いて答えましょう。

言葉

CD- 09

□ こばやしさき	小林咲	고바야시 사키(인명)
□ (さん)ねんせい	(3)年生	(3)학년
□ すみれファッションスクール		스미레 패션 스쿨
□ つぎ	次	다음
□ ゆっくり		마음 편히, 느긋하게
□ (それ)いがい	以外	(그것)이외
□ ぐあい	具合	상태
□ (時間が)ない		(시간이)없다
□ あちら［あそこ］		저쪽[저기]
□ うけつけ(が始まる)	受付	접수(가 시작되다)
□ (はじまる)ところ		(시작될)참
□ れつ	列	줄
□ さいご	最後	마지막
□ ならぶ	並ぶ	줄서다
□ がっこうせつめいかい	学校説明会	학교 설명회
□ かいじょう	会場	회장
□ (前の)ほう	方	(앞)쪽
□ (人で)いっぱい		(사람으로)가득참
□ かえりみち	帰り道	돌아가는 길
□ がっか	学科	학과
□ にゅうがくしけん	入学試験	입학시험
□ はさみ		가위
□ でかける	出かける	외출하다
□ ホーム		플랫폼
□ (おなかが)いっぱい		(배가)부름
□ しょうせつ	小説	소설
□ きょうじゅ	教授	교수
□ ろんぶん	論文	논문
□ (熱が)たかい	高い	(열이)높다
□ はやい	速い	빠르다
□ テーマ		테마
□ めんせつしけん	面接試験	면접시험
□ じゅけんせい	受験生	수험생
□ おこなう	行う	행하다
□ マナー		매너
□ めんせつしつ	面接室	면접실
□ ノック		노크
□ ノック(を)する		노크(를)하다
□ すぐに		바로
□ こたえる	答える	대답하다
□ からだ	体	몸
□ うで	腕	팔
□ あし	足	다리
□ (足を)くむ	組む	(다리를)꼬다
□ いみ	意味	의미
□ きこえる	聞こえる	들리다
□ せんもんてき	専門的	전문적
□ (質問が)でる	出る	(질문이)나오다
□ できるだけ		가능한 한
□ よそうする	予想する	예상하다
□ そんな		그런
□ おちつく	落ち着く	침착하다

【いろいろな表現】

□ どうしますか。	어떻게 하겠습니까?
□ (列の最後に)お並びください。	(줄 맨 끝에)서 주세요.
□ いいんですか。	괜찮습니까?

第28課

手伝ってくれてありがとう。

本文

1　引っ越しを手伝ってくれてありがとう。　CD- 10~

良子：もしもし、武さん？
武　：あ、良子さん。
良子：今、いい？
武　：いいよ。
良子：この前は、引っ越しを
　　　手伝ってくれてありがとう。
武　：ううん。新しい部屋はどう？
良子：とても快適よ。でも…。
武　：どうしたの？
良子：家具の場所を変えたいんだけど、重くて自分で動かせないの。
武　：そうなんだ。じゃあ、今度行った時、手伝うよ。
良子：本当？　ありがとう。よろしくね。

文型

1　マリーさんが(私に)英語を教えてくれました。

1）ワン：アルンさんがタイ料理の作り方を教えてくれました。
2）A：この前は、お見舞いに来てくれてありがとう。
　　B：ううん。もうよくなった？
　　A：うん、おかげさまで。どうもありがとう。

3）先生：ホームステイはどうでしたか。

チン：ホストファミリーがいろいろな所へ連れて行ってくれたので、本当に楽しかったです。

4）A：ただいま。

B：おかえりなさい。

おばあちゃん、その荷物、重くて大変だったでしょう？

A：いいえ、だいじょうぶでしたよ。

隣の宏君がバス停から家の前まで荷物を持ってくれたから。

5）（学生会館で）

先生：ラフルさん、国から荷物ですよ。

ラフル：ありがとうございます。ああ、母からだ。

先生：ラフルさんのお母さんはよく荷物を送ってくれますね。

ラフル：ええ。国の食べ物を送ってくれるんです。

練習a　例のように言いましょう。

文型 1

例）車で送る／門限に間に合う

A：この前は、車で送ってくれてありがとう。

B：ううん。門限に間に合った？

A：うん。本当にありがとう。

1．アルバイトを紹介する／もう慣れる

2．電話で起こす／試験に間に合う

3．宿題のレポートを手伝う／もう提出する

4．入管の行き方を教える／すぐわかる

文型

2 良子さんのうちへ行く時、ケーキを買いました。

良子さんのうちへ行った時、片付けを手伝いました。

1）先生：最後に帰る人は、教室を出る時、電気を消してください。

2）幸子：この人、チンさんのお母さんですか。

チン：ええ。日本へ来る時、空港でいっしょに撮ったんです。

3）今度の冬休みに国へ帰った時、友達に会うつもりです。

4）A：そのＴシャツ、かっこいいね。どこで買ったの？

B：夏休みにハワイへ行った時、買ったんだ。

// 友達と話そう //

・今度国へ帰る時、買って帰りたい物はありますか。

・今度国へ帰った時、何をしようと思っていますか。

本文(ほんぶん)

2　おいしい物(もの)をごちそうしてあげるのはどう？

CD- 13~

(良子(よしこ)の実家(じっか)で)

良子(よしこ)：ただいま。

母(はは)：おかえりなさい。もう部屋(へや)は片付(かたづ)いた？

良子(よしこ)：うん、だいたい片付(かたづ)いたよ。
でも、ちょっと家具(かぐ)を動(うご)かしたいから、
今度(こんど)武(たけし)さんに手伝(てつだ)ってもらうつもりなの。

母(はは)：武(たけし)さんは本当(ほんとう)に優(やさ)しいわね。何(なに)かお礼(れい)をしなくちゃね。

良子(よしこ)：うん。何(なに)がいいと思(おも)う？

母(はは)：そうねえ…。何(なに)かおいしい物(もの)をごちそうしてあげるのはどう？

良子(よしこ)：いいね。じゃあ、みんなでどこかすてきなレストランに行(い)こうよ。

母(はは)：そうね。みんなで行(い)きましょう。

文型(ぶんけい)

3　(私(わたし)は)武(たけし)さんに引(ひ)っ越(こ)しを手伝(てつだ)ってもらいました。

1) 本田(ほんだ)：私(わたし)はキムさんに韓国語(かんこくご)を教(おし)えてもらいました。

2) 長井(ながい)：昨日(きのう)の夕方(ゆうがた)、急(きゅう)に雨(あめ)が降(ふ)りましたね。
ぬれませんでしたか。

山本(やまもと)：家族(かぞく)に駅(えき)まで迎(むか)えに来(き)てもらったので、
だいじょうぶでした。

3) 広田(ひろた)：木村(きむら)さんが来月結婚(らいげつけっこん)するそうですよ。

林(はやし)：そうですか。どんな人(ひと)と結婚(けっこん)するんですか。

広田(ひろた)：私(わたし)もよく知(し)らないんですよ。
大学(だいがく)の先輩(せんぱい)に紹介(しょうかい)してもらった人(ひと)だそうですよ。

4）ワン：わあ、きれいな着物だね。買ったの？
　　リー：ううん。日本人の友達に貸してもらったの。

練習 b 例のように言いましょう。

文型 3

例）ゆかたの着方がわからない／幸子さん／教える

　　A：ゆかたの着方がわからないんですが…。

　　B：じゃあ、幸子さんに教えてもらうといいですよ。

1．フランス語を習いたい／マリーさん／教える

2．区役所の行き方がわからない／学生会館の先生／地図をかく

3．日本人と友達になりたい／アルンさん／紹介する

4．パソコンが壊れてしまった／山田さん／みる

練習 c 例のように、うれしかったことについて話しましょう。

文型 1～3

例）日本へ来る時、家族に空港まで送ってもらいました。友達も見送りに来てくれました。とてもうれしかったです。

文型

4　(私は)武さんにおいしい物をごちそうしてあげます。

1)良子：弟の誕生日にケーキを作ってあげるつもりです。

2)母：おかえりなさい。

宏：ただいま。今、隣のおばあちゃんの

　　荷物を運んであげたんだよ。

母：あら、そう。

3)　ワン：おいしそうな料理ですね。

　　　　タイのガイドブックですか。

アルン：ええ。日本人の友達がタイへ旅行に行くので、

　　　　おいしいレストランを

　　　　教えてあげようと思っているんです。

4)(学生会館で)

ラフル：チンさんは？

　パク：さっき出かけましたよ。

　　　　台湾の友達をディズニーランドへ連れて行ってあげると

　　　　言っていましたよ。

本文(ほんぶん)

3　あの店(みせ)、覚(おぼ)えてる？

CD- 16~

良子(よしこ)：どこがいいと思(おも)う？

母(はは)：六本木(ろっぽんぎ)の銀河亭(ぎんがてい)はどう？　すてきなレストランよ。

良子(よしこ)：ああ、あそこね。京子(きょうこ)といっしょに行(い)ったことがある。

母(はは)：そう。昔(むかし)、よくお父(とう)さんといっしょに行(い)ったのよ。
ねえ、お父(とう)さん、あの店(みせ)、覚(おぼ)えてる？

父(ちち)：うん。あそこへはよく行(い)ったなあ。
あのころ、あの店(みせ)は人気(にんき)があって、いつも込(こ)んでいたね。

良子(よしこ)：私(わたし)が京子(きょうこ)と行(い)った時(とき)も、満員(まんいん)だったよ。

母(はは)：そう。今(いま)も人気(にんき)があるのね。
じゃあ、みんなで武(たけし)さんと銀河亭(ぎんがてい)に行(い)きましょう。

弟(おとうと)：その店(みせ)はどんな所(ところ)なの？

父(ちち)：そこはね、クラシックな感(かん)じで、雰囲気(ふんいき)がとてもいいんだ。
ハンバーグがおいしいんだよ。

弟(おとうと)：そうなんだ。楽(たの)しみだなあ。

文型

5

良子：明日、銀河亭で待ち合わせをしましょう。

武：その店はどこにあるの？

良子：明日、新宿の東口で待ち合わせをしましょう。

武：あそこは人が多すぎるから、別の所にしようよ。

1）アルン：トムヤムクンを食べたことがありますか。

ワン：いいえ。それはどんな食べ物ですか。

アルン：辛くてすっぱいタイのスープです。

2）長井：そのかばん、いいですね。

山本：ありがとうございます。駅前のデパートで買ったんです。

長井：ああ、あそこですか。あそこはいい物がたくさんありますね。

3）A：おなかがすいたね。ハッピーバーガーに行かない？

B：あそこはいつも込んでいるよ。

A：じゃあ、どこに行く？

B：学校の裏のハンバーガー屋はどう？

A：そこは込んでないの？

B：うん、あまり込んでないよ。

A：じゃあ、そこに行こう。

参考

助詞の変化に注意して下の絵と日本語を見てみましょう。

元の文

①アルンさんが西村さんにタイ料理の作り方を教える。

教える　貸す
ごちそうする
(手紙を) 書く
(物を) 送る　など

②武さんが良子さんを送る。

(人を) 送る
連れて行く
迎えに来る　など

③宏君がおばあちゃんの荷物を持つ。

(荷物を) 持つ
(宿題を) みる
(仕事を) 手伝う　など

「～てあげる」「～てくれる」の場合

①アルン：私は西村さんにタイ料理の作り方を
教えてあげました。

西村：アルンさんが（私に）タイ料理の
作り方を教えてくれました。

② 武(たけし)：私(わたし)は良子(よしこ)さんを送(おく)ってあげました。

良子(よしこ)：武(たけし)さんが私(わたし)を送(おく)ってくれました。

③ 宏(ひろし)：僕(ぼく)はおばあちゃんの荷物(にもつ)を持(も)ってあげました。

おばあちゃん：宏君(ひろしくん)が（私(わたし)の）荷物(にもつ)を持(も)ってくれました。

「～てもらう」の場合(ばあい)

①西村(にしむら)：私(わたし)はアルンさんにタイ料理(りょうり)を教(おし)えてもらいました。

②良子(よしこ)：私(わたし)は武(たけし)さんに送(おく)ってもらいました。

③おばあちゃん：私(わたし)は宏君(ひろしくん)に荷物(にもつ)を持(も)ってもらいました。

言葉

CD- 18

□ かいてき	快適	쾌적함
□ かえる	変える	바꾸다
□ みまい／おみまい	(お)見舞い	문안, 문병
□ つれていく	連れて行く	데리고 가다
□ ひろし	宏	히로시(인명)
□ (人を)おくる	送る	(사람을)바래다 주다
□ ていしゅつする	提出する	제출하다
□ にゅうかん	入管	입국관리국의 준말
□ かたづけ	片付け	정리
□ くうこう	空港	공항
□ かっこいい		멋있다
□ じっか	実家	생가
□ かたづく	片付く	정돈되다
□ おれい(を)する	お礼(を)する	답례를 하다
□ ごちそうする		식사를 대접하다
□ かんこくご	韓国語	한국어
□ きゅう	急	갑작스러움
□ しょうかいする	紹介する	소개하다
□ くやくしょ	区役所	구청
□ (壊れたパソコンを)みる		(고장난 컴퓨터를)보다
□ みおくる	見送る	배웅하다
□ ガイドブック		가이드북
□ ろっぽんぎ	六本木	롯본기
□ あのころ		그 때
□ まんいん	満員	만원
□ クラシック		고풍스러움
□ かんじ	感じ	느낌
□ ふんいき	雰囲気	분위기
□ (雰囲気が)いい		(분위기가)좋다
□ ハンバーグ		햄버그
□ まちあわせ	待ち合わせ	약속하여 만나기로 함
□ まちあわせ(を)する	待ち合わせ(を)する	약속하여 만나기로 하다
□ べつ	別	다른
□ (おなかが)すく		(배가)고프다
□ ハッピーバーガー		해피버거
□ うら	裏	뒤
□ ハンバーガーや	ハンバーガー屋	햄버거집
□ (宿題を)みる		(숙제를)보다

【いろいろな表現】

□ おかげさまで。	덕분에.
□ そうねえ…。	글쎄….
□ あら、そう。	어머, 그래.
□ ねえ、	저기 말이야.
□ 楽しみだなあ。	기대된다.

第29課

お見舞い

本文

1　西田先生が花をくださいました。

CD- 19~

萩原真由美…日本語学校の先生。

ワン・シューミン…日本語学校で勉強している学生。学生会館に住んでいる。

（病院で）

萩原：ワンさん、こんにちは。

ワン：あ、先生。

萩原：今、だいじょうぶ？　食事は？

ワン：今、終わったところです。
　　　先生、どうぞそちらへ。

萩原：あ、ありがとう。具合はどう？

ワン：おかげさまで、もうだいぶよくなりました。

萩原：そう。それはよかった。でも、ワンさんが入院したって聞いて本当に心配したわ。

ワン：学生会館で急におなかが痛くなったんです。

萩原：それで？　一人で病院へ来たの？

ワン：いいえ、会館の遠藤先生といっしょに来ました。

萩原：そう。先生がいっしょでよかったわね。

ワン：はい。

萩原：あら、きれいな花ね。

ワン：西田先生がくださったんです。

文型 1

今、終わったところです。

1）　先生：チンさんはいますか。

ラフル：チンさんは今、帰ったところです。

　先生：そうですか。

2）A：このお菓子、おいしいですよ。いかがですか。

B：ありがとうございます。でも、今、ごはんを食べたところなので…。

3）　武：遅れてごめん。待った？

良子：ううん。私も今、来たところ。

文型 2

入院したと聞いて心配しました。

最近、夜寝られなくて困っています。

1）昨日、東京スカイツリーで偶然クラスメートに会ってびっくりしました。

2）（ワンさんの日記）

今日は誕生日だった。マリーさんとリーさんにネックレスをもらって

とてもうれしかった。

3）　チン：この前の日曜日、幸子さんに会ったそうですね。

マリー：ええ。久しぶりにいろいろな話ができて楽しかったです。

4）A：隣の部屋がうるさくて困っているんです。

B：そうですか。それは大変ですね。

5）（メールで）

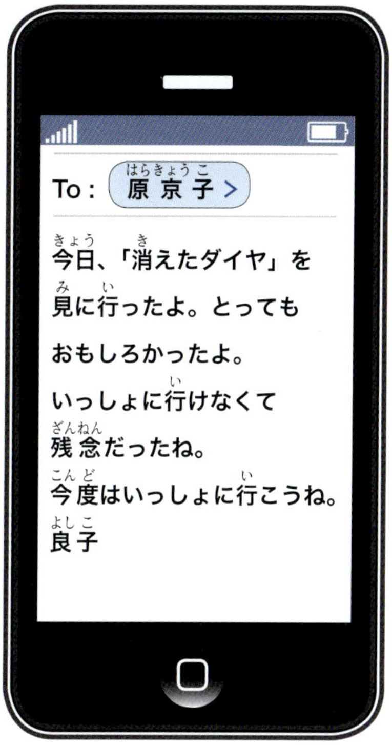

6）A：天気予報では雨だと言っていたけど、いい天気になったね。

B：本当だね。花火大会が中止にならなくてよかったね。

練習a　例のように言いましょう。

文型 2

例）パーティー／いろいろな人とたくさん話ができる／楽しい

A：パーティーはどうでしたか。

B：いろいろな人とたくさん話ができて 楽しかったです。

A：そうですか。

1．京都／おいしい日本料理が食べられる／いい

2．ホームステイ／いろいろな所に連れて行ってもらう／楽しい

3．ディズニーランド／偶然国の友達に会う／びっくりする

4．フランス／言葉がぜんぜんわからない／困る

文型 3

西田先生が(私に)花をくださいました。

(私は)西田先生に花をいただきました。

1) アルン：きれいな扇子ですね。

　ワン：ええ。京子さんのお母さんがくださったんです。

2) (良子さんの日記)

大家さんがりんごをくださった。甘くておいしいりんごだった。

3) 先生：日曜日どこかへ遊びに行きましたか。

学生：ええ。寮の先生に映画のチケットをいただいたので、

　　友達を誘って見に行きました。

4) 良子：大家さん、先日はどうもありがとうございました。

　　いただいたりんご、とてもおいしかったです。

大家：そう。それはよかった。

※ 無料で差し上げます。

本文

2 先生の奥さんが洗濯をしてくださいました。

CD-21~

萩原：ところで、洗濯はどうしているの？

ワン：遠藤先生の奥さんがしてくださっているんです。

萩原：そう。ワンさん、今、何か困っていることはない？

ワン：いいえ、今はだいじょうぶです。初めはとても心細かったですが、看護師さんや周りの人がみんな親切なので…。

萩原：そう。安心したわ。

ワン：だいぶよくなってきたので、いろいろな人と日本語で話すようにしているんです。

萩原：そう。

ワン：あ、先生、こちら、西条敬子さんです。日本語がわからない時は、いつも教えていただいているんです。

萩原：こんにちは。ワンさんがお世話になっています。

西条敬子：いいえ。私もワンさんといろいろな話ができて楽しいです。

＊

萩原：あ、そうだわ。これ、日本の着物の本。ワンさん、着物が好きでしょ。

ワン：わあ、きれいな写真がたくさんありますね。ありがとうございます。

萩原：じゃあ、そろそろ失礼するわね。

ワン：先生、今日は来てくださってどうもありがとうございました。

萩原：いいえ。おだいじに。

文型

4

先生の奥さんが洗濯をしてくださいました。

先生の奥さんに洗濯をしていただきました。

1）京子：良子さんのお母さんがおすしをごちそうしてくださいました。

2）（学生会館で）

ラフル：先生、先日はいいレストランを紹介してくださって
ありがとうございました。

先生：いいえ。どうでしたか。

ラフル：料理もお店の雰囲気もとってもよかったです。
本当にありがとうございました。

3）昨日、萩原先生に傘を貸していただきました。

4）萩原先生：願書の書き方はわかりますか。

チン：ええ。先週、西田先生に教えていただいたので、だいじょうぶです。

練習b　例のように言いましょう。

文型 4

例）ケーキの作り方を教える／上手にできる

A：先日は、ケーキの作り方を教えてくださってありがとうございました。

B：いいえ。上手にできましたか。

A：はい。本当にありがとうございました。

1．車で駅まで送る／電車に間に合う

2．履歴書をみる／面接はうまくいく

3．ゆかたの着方を教える／一人で着られるようになる

文型

5　いろいろな人と日本語で話すようにしています。

1）作文が上手になりたいので、日本語で日記を書くようにしています。

2）A：健康のために、注意していることはありますか。

B：私は、休みの日にスポーツをするようにしています。

C：私は、お酒が好きなんですが、たくさん飲まないようにしています。

3）ラフル：リーさんはいつも早く学校へ来るんですね。

リー：ええ。満員電車に乗りたくないので、

早くうちを出るようにしているんです。

練習C

例のように、健康のために注意していることについて話しましょう。　文型 5

例）

言葉

CD- 23

□ はぎわら まゆみ	萩原真由美	하기와라 마유미(인명)
□ そちら ［そこ］		그쪽[거기]
□ にゅういんする	入院する	입원하다
□ しんぱいする	心配する	걱정하다
□ それで(どうしたの？)		그래서(어떻게 됐어?)
□ えんどう	遠藤	엔도(인명)
□ にしだ	西田	니시다(인명)
□ くださる ［くれる］		주시다
□ クラスメート		급우, 동급생
□ びっくりする		놀라다
□ にっき	日記	일기
□ ひさしぶり	久しぶり	오래간만
□ ちゅうし	中止	중지
□ いただく ［もらう］		받다
□ せんす	扇子	접부채
□ せんじつ	先日	요전(날)
□ さしあげる ［あげる］	差し上げる	드리다
□ おくさん	奥さん	부인
□ こころぼそい	心細い	불안하다
□ まわり	周り	주변
□ あんしんする	安心する	안심하다
□ だいぶ		상당히, 꽤
□ さいじょう けいこ	西条敬子	사이죠 케이코(인명)
□ そろそろ		슬슬
□ りれきしょ	履歴書	이력서
□ うまい		잘하다
□ うまくいく		잘되다
□ まんいんでんしゃ	満員電車	만원전철

【いろいろな表現】

□ 今、だいじょうぶ？ 지금 괜찮아?

□ あ、そうだわ。 아, 맞다, 아, 그렇지

□ じゃあ、そろそろ失礼するわね。 그럼 슬슬 가볼게.

第30課

もう少し召し上がりませんか。

本文

1　少々お待ちください。

CD- 24~

店員：お電話ありがとうございます。

　　　バーンタイです。

渡辺：予約をお願いしたいんですが。

店員：はい。いつのご予約でしょうか。

渡辺：２９日の夜７時です。

店員：何名様ですか。

渡辺：３名です。

店員：２９日の夜７時から３名様ですね。

　　　少々お待ちください。

渡辺：はい。

＊

店員：お待たせいたしました。

　　　お取りできますので、お名前とお電話番号をお願いします。

渡辺：はい。渡辺と申します。

　　　電話番号は、080-5283-67XX です。

店員：渡辺様、お電話番号は 080-5283-67XX ですね。

渡辺：はい。

店員：それでは２９日、夜７時、３名様ですね。お待ちしています。

　　　ありがとうございました。

本文

2 タイへいらっしゃるんですか。

CD- 27~

渡辺教授…４５歳。大学院で経済学を教えている。男性。

佐々木由美…３０歳。日本語教師。女性。

アルン・アマラポーン…２５歳。タイから来た留学生。大学院で経済学を勉強している。

（駅で）

渡辺：佐々木さん、こちらアルンさん。

佐々木：はじめまして。佐々木です。
どうぞよろしく。

アルン：はじめまして。アルン・アマラポーンです。
よろしくお願いします。

渡辺：アルンさん、佐々木さんは今年の９月からタイで日本語を教えるんです。

アルン：タイへいらっしゃるんですか。

佐々木：ええ、そうなんです。それで、今日はアルンさんにいろいろ
お聞きしたいと思っているんです。

（タイ料理のレストランで）

ウエートレス：いらっしゃいませ。

渡辺：７時から３名で予約した渡辺です。

ウエートレス：渡辺様ですね。どうぞ、こちらへ。

（メニューを見ながら）

渡辺：どれもおいしそうですね。

佐々木：ええ。なかなか決められませんね。

渡辺：アルンさん、何かおすすめはありますか。

アルン：あのう、お二人は、苦手な物はありませんか。

佐々木：ありません。

渡辺：私も大丈夫です。アルンさんに任せますから、注文してください。

アルン：はい、わかりました。

＊

佐々木：アルンさんはいつ日本にいらっしゃったんですか。

アルン：去年の４月です。

佐々木：そうですか。

アルン：あのう、佐々木さんはタイにいらっしゃったことがありますか。

佐々木：いいえ、ないんです。

アルン：そうですか。

本文

3　サラダ、お取りしましょうか。

CD- 30~

佐々木：おいしいですね、タイ料理は。

アルン：お口に合ってよかったです。

　　　　これ、もう少し召し上がりませんか。

佐々木：いただきます。

　　　　あの、すみませんが、

　　　　ナプキンを取っていただけませんか。

アルン：はい、どうぞ。

　　　　先生もお使いになりますか。

渡辺：あ、ありがとう。

アルン：先生、サラダ、お取りしましょうか。

渡辺：ありがとう。アルンさんも遠慮しないで食べてください。

アルン：はい。

　　　　あ、佐々木さん、私、タイのガイドブックを持って来たんですが、

　　　　お貸ししましょうか。

佐々木：ありがとうございます。お借りします。

（出口で）

佐々木：今日はアルンさんとお話しできて、本当によかったです。

アルン：私もとても楽しかったです。

渡辺：アルンさん、今日は本当にどうもありがとう。

アルン：いいえ、こちらこそ。

　　　　ごちそうさまでした。

　　　　じゃ、私はここで失礼します。

佐々木：失礼します。

文型

1　タイへいらっしゃるんですか。

尊敬語

聞く　聞きます　→　お聞きになります
使う　使います　→　お使いになります

＜特別な形がある動詞＞

辞書形	尊敬語
する	なさる （なさいます）
～する 結婚する 電話する	ご／お～なさる （ご／お～なさいます） ご結婚なさる （ご結婚なさいます） お電話なさる （お電話なさいます）
食べる 飲む	召し上がる （召し上がります）
見る	ご覧になる （ご覧になります）
行く 来る いる	いらっしゃる （いらっしゃいます） おいでになる （おいでになります）
言う	おっしゃる （おっしゃいます）
知る	ご存じだ （ご存じです）
～ている	～ていらっしゃる （～ていらっしゃいます）

1） A：お読みになりますか。

B：はい。

2） ウエートレス：たばこをお吸いになりますか。

客：いいえ。

3） 学生：西田先生はいらっしゃいますか。

先生：いいえ、今、いません。

隣の部屋で会議をしていますよ。

4） 教授：何を見ているんですか。

学生：この間のゼミ旅行の写真です。先生もご覧になりませんか。

5） リー：先生、マリーさんに電話をかけたいんですが、番号をご存じですか。

先生：ええ、知っていますよ。

練習a 例のように言いましょう。

文型 1

例） 学生：先生はたばこをお吸いになりますか。

先生：いいえ、吸いません。

たばこを吸う／いいえ

1．お酒を飲む／はい

2．よく映画を見る／いいえ

3．スポーツをする／いいえ

4．よく旅行をする／はい

5．次の休みにどこかへ行く／いいえ

☆敬語を使って、目上の人に質問してみましょう。

文型(ぶんけい)

2　お待(ま)ちください。

待(ま)つ　→　待(ま)ちます　→　お待(ま)ちください

1）店員(てんいん)：どうぞお使(つか)いください。
　　客(きゃく)：ありがとう。

2）A：どうぞおかけください。
　　B：失礼(しつれい)します。

3）店員(てんいん)：こちらにお並(なら)びください。

4）A：どうぞお上(あ)がりください。
　　B：おじゃまします。

5）ご自由(じゆう)にお取(と)りください。

※　どうぞ召(め)し上(あ)がってください。

※　どうぞご覧(らん)ください。

練習b　絵を見て例のように言いましょう。

文型 1・2

例）Ａ：どうぞお使いください。

　　Ｂ：ありがとう。

使う／ありがとう

1．上がる／おじゃまします

2．座る／どうもありがとう

3．入る／失礼します

4．見る／ありがとうございます

5．食べる／いただきます

文型

3　お借りします。

謙譲語

撮る　撮ります　→　お撮りします
持つ　持ちます　→　お持ちします

＜特別な形がある動詞＞

辞書形	謙譲語
～する 案内する 電話する	ご／お～する ご／お～いたす ご案内する　／いたす （ご案内します／いたします） お電話する　／いたす （お電話します／いたします）
食べる 飲む	いただく （いただきます）
見る	拝見する （拝見します）
聞く	伺う （伺います）
行く	伺う （伺います） 参る （参ります）
来る	参る （参ります）
いる	おる （おります）
言う	申す （申します）
知る	存じる （※存じております）
～ている	～ておる （～ております）

1）先生：すみません、

　　　　誰か荷物を持ってくれませんか。

　　学生：あ、私がお持ちします。

2）A：お取りしましょうか。

　　B：ありがとうございます。

3）（チンさんからホストファミリーへの手紙）

みなさんで、ぜひ台湾へ いらっしゃってください。
台湾には いい所が たくさんあるので、私が
ご案内します。

4）（教務課で）

　　A：ちょっと伺いたいんですが…。

　　B：はい。

　　A：渡辺教授の研究室はどちらですか。

　　B：３階です。

　　A：どうも。

5）アルン：ワイン、

　　　　　もう少し召し上がりませんか。

　　佐々木：いただきます。

6）（映画館の切符売場で）

　　客　：学生１枚ください。

　　店員：はい。学生証を拝見します。

7）社員：明日、何時に伺いましょうか。

　　客　：１０時に来てください。

　　社員：はい、わかりました。

8）（会社で）

私はサラ・マリーノと申します。イタリアから参りました。
日本の会社で仕事をするのは初めてなので、わからないことが
多いと思いますが、どうぞよろしくお願いします。

練習C　絵を見て例のように言いましょう。

文型 3

例）お持ちしましょうか。

持つ

1．手伝う

2．取る

3．貸す

文型

4　ナプキンを取っていただけませんか。

1）A：すみませんが、
　　　写真を撮っていただけませんか。

　　B：いいですよ。

2）A：すみませんが、
　　　ペンを貸していただけませんか。

　　B：はい、どうぞ。

※　すみませんが、ナプキンを取ってくださいませんか。

練習d　絵を見て例のように言いましょう。

文型 4

例）すみませんが、
　　ナプキンを取っていただけませんか。

ナプキンを取る

1．窓を閉める

2．もう一度言う

3．この漢字の読み方を教える

言葉(ことば)

CD- 33

□ バーンタイ		반타이
□ わたなべ	渡辺	와타나베(인명)
□ (さん)めいさま	(3)名様	(3)분
□ (さん)めい	(3)名	(3)명
□ (予約(よやく)を)とる	取る	(예약을)하다
□ ささき　ゆみ	佐々木由美	사사키 유미(인명)
□ にほんごきょうし	日本語教師	일본어 교사
□ それで［理由(りゆう)］		그래서[이유]
□ (渡辺(わたなべ))さま	様	(와타나베)님
□ なかなか		좀처럼
□ まかせる	任せる	맡기다
□ ちゅうもんする	注文する	주문하다
□ いらっしゃる［来(く)る］		오시다
□ くち	口	입
□ (口(くち)に)あう	合う	(입맛에)맞다
□ いただく［食(た)べる］		먹다의 겸사말
□ ナプキン		냅킨
□ えんりょする	遠慮する	사양하다
□ でぐち	出口	출구
□ なさる		하시다
□ めしあがる［飲(の)む］	召し上がる	드시다
□ ごらんになる［見(み)る］	ご覧になる	보시다
□ おいでになる［行(い)く］		가시다
□ おいでになる［来(く)る］		오시다
□ おいでになる［いる］		계시다
□ おっしゃる［言(い)う］		말씀하시다
□ ごぞんじ［知(し)る］	ご存じ	아시다
□ ゼミりょこう	ゼミ旅行	제미(전공수업을 소수인원으로하는 것)여행
□ (電話(でんわ)を)かける		(전화를)걸다
□ ばんごう	番号	번호
□ (いすに)かける		(의자에)앉다
□ いたす［する］		하다
□ いただく［飲(の)む］		마시다의 겸사말
□ はいけんする［見(み)る］	拝見する	삼가보다
□ まいる［行(い)く］	参る	가다의 겸사말
□ まいる［来(く)る］	参る	오다의 겸사말
□ おる［いる］		있다의 겸사말
□ ぞんじる［知(し)る］	存じる	알다의 겸사말
□ きょうむか	教務課	교무과
□ きっぷうりば	切符売場	매표소

【いろいろな表現(ひょうげん)】

□ いつのご予約(よやく)でしょうか。
언제로 예약하시겠습니까?

□ お待(ま)たせいたしました。
오래 기다리셨습니다.

□ お口(くち)にあってよかったです。
입맛에 맞으셔서 다행입니다.

□ おじゃまします。
실례합니다.

第31課

お祭り

本文

1　最近、忙しいみたいですよ。

CD- 34~

（鈴木さんのうちで）

鈴木一郎：チンさん、次の週末は何か予定がありますか。

チン：いいえ。まだ決めていませんが…。

一郎：じゃ、お祭りがあるんですが、行きませんか。

チン：いいですね。どこであるんですか。

一郎：浅草です。この雑誌にいろいろ書いてありますよ。

チン：へえ、今度の土曜日と日曜日ですね。

あ、でも、土曜日は

アルバイトがあるんです。

一郎：そうですか。

じゃ、日曜日に行きましょう。

チン：ええ。

この写真、おみこしですよね。

見るのが楽しみだなあ。

あ、安部さんも誘いませんか。

一郎：いいですね。

でも、最近、忙しいみたいですよ。

先週の週末も会社で仕事をしたって言っていましたから。

チン：大変ですね。

ちょっと無理かもしれませんが、電話してみます。

（電話で）

チン：もしもし、安部さんですか。チンですけど…。

安部：チンさん、こんにちは。元気ですか。

チン：はい。あのう、今、一郎さんと話していて、今度の日曜日にお祭りを見に行くことにしたんです。よかったら安部さんもいっしょに行きませんか。

安部：お祭りですか…。いいですね。でも、日曜日はちょっと仕事があって行けないなあ。

チン：そうですか。

安部：今度、お祭りの話、聞かせてくださいね。

チン：はい。じゃ、失礼します。

文型

1

最近、忙しい ｛ようです。／みたいです。

基本体 ＋ ｛ようです／みたいです

な形容詞（現在）	好きなようです
	好きみたいです
名詞（現在）	迷子のようです
	迷子みたいです

1）　チン：日本ではよくお祭りをするんでしょうか。

アルン：そうですね。夏と秋によくするようですよ。
神社や公園から太鼓の音が聞こえますから。

2）Ａ：何かあったんでしょうか。

Ｂ：事故があったみたいですよ。
警察官がいますから。

3）（放課後　教室で）

先生：ワンさんはもう帰りましたか。

学生：コートがあるから、まだ帰っていないみたいです。

先生：そうですか。

4）西村：アルンさんはどこですか。

山田：図書館に行くと言っていましたよ。

西村：そうですか。アルンさんはよく図書館に行きますね。

山田：ええ。本を読むのが好きなようですね。

5）（デパートで）

Ａ：あの女の子、迷子のようですよ。

Ｂ：そうですね。
店員さんを呼んで来ます。

練習ａ　部屋で事件がありました。絵を見て、「ようです／みたいです」を使って話しましょう。　**文型 1**

・犯人はどんな人でしょうか。

・犯人はこの部屋で何をしたんでしょうか。

文型（ぶんけい）

2　お祭（まつ）りを見（み）に行（い）くことにしました。

1）　先生（せんせい）：ラフルさんはもう進路（しんろ）を決（き）めましたか。
ラフル：はい。先週（せんしゅう）、説明会（せつめいかい）に行（い）って、ふじ観光専門学校（かんこうせんもんがっこう）を受（う）けることにしました。

2）　ワン：日曜日（にちようび）、みんなでボウリングに行（い）くんですけど、いっしょに行（い）きませんか。
マリー：行（い）きたいけど、私（わたし）はボウリングをしたことがないんです。
ワン：だいじょうぶですよ。アルンさんが教（おし）えてくれますよ。
マリー：そうですか。じゃ、私（わたし）も行（い）くことにします。

3）　リー：日曜日（にちようび）のボウリング、マリーさんも行（い）きますか。
マリー：はい、行（い）きます。ちょっと迷（まよ）ったんですが、行（い）くことにしました。

練習（れんしゅう）b　例（れい）のように言（い）いましょう。

文型 2

例（れい））スケート／スケートはしたことがない／田中（たなか）さんが教（おし）えてくれる
A：週末（しゅうまつ）、スケートに行（い）きませんか。
B：スケートはしたことがないので…。
A：だいじょうぶですよ。田中（たなか）さんが教（おし）えてくれますよ。
B：そうですか。じゃ、行（い）くことにします。

1．スキー／スキーはしたことがない／スキー教室（きょうしつ）がある
2．カラオケ／日本語（にほんご）の歌（うた）は歌（うた）えない／いろいろな国（くに）の歌（うた）がある
3．高尾山（たかおさん）／山登（やまのぼ）りは大変（たいへん）そう／ケーブルカーもある

本文

2　遅くなってすみません。

CD- 37~

（駅の改札で）

チン：遅くなってすみません。

一郎：いいえ。でも、どうしたんですか。

チン：すみません。神田駅で間違えて、反対方向へ行く地下鉄に
　　　乗ってしまったんです。

一郎：そうですか。

チン：あわてて次の駅で降りたんですが、次の電車がすぐに来なくて…。
　　　それに、携帯を忘れてしまって、電話できなかったんです。

一郎：それは大変でしたね。

チン：本当にどうもすみませんでした。

一郎：いいえ。さあ、行きましょう。

謝り方

まず謝る　　理由を説明する　　もう一度謝る

「遅くなって
すみません。」

「反対方向へ行く電車に
乗ってしまって…。」

「本当にどうも
すみませんでした。」

練習C　例のように言いましょう。

本文
2

例）反対方向へ行く電車に乗る／次の駅で降りる／電車がすぐに来ない

A：遅くなってすみません。

B：いいえ。でも、どうしたんですか。

A：反対方向へ行く電車に乗ってしまったんです。

B：そうですか。

A：次の駅で降りたんですが、電車がすぐに来なくて…。

B：それは大変でしたね。

A：本当にどうもすみませんでした。

1. 財布を忘れる／取りに帰る／すぐに見つからない
2. 駅の出口を間違える／駅員さんに聞く／よくわからない
3. 事故で電車が止まる／タクシーに乗る／道が込んでいる

本文

3　駅に着いたら、もう人がおおぜいいました。

CD- 40~

(喫茶店で)

安部：この前は、せっかく誘ってもらったのに、すみませんでした。

チン：いいえ。

安部：お祭りはどうでしたか。

チン：とってもおもしろかったです。

　　　おみこしがすばらしかったです。感動しました。

安部：そうですか。

チン：それから、出店がたくさんあってにぎやかでした。

安部：何か買いましたか。

チン：ええ。焼きそばやかき氷を買って食べました。おいしかったですよ。

安部：よかったですね。

チン：でも、すごい人でした。駅に着いたら、もう人がおおぜいいました。

安部：ああ、浅草のお祭りは人気がありますからね。

チン：街の中はどこも人でいっぱいでした。おみこしを見ている間に、

　　　後ろの人に押されたり、隣の人に足を踏まれたりしました。

安部：それは大変でしたね。

チン：それに、一郎さんも子供にジュースをこぼされてしまったんです。

安部：そうですか。

チン：でも、楽しい一日でした。おみこしを見たり、出店で買い物をしたり…。

安部：よかったですね。今度はぜひいっしょに行きましょう。

チン：ええ、そうしましょう。

文型

3　せっかく誘ってもらったのに、行けませんでした。

基本体　＋　のに

な形容詞（現在）	きれいなのに
名詞（現在）	学生なのに

1）新しい旅行かばんを買ったのに、かぜをひいて旅行に行けませんでした。

2）京子：良子さん、料理は上手になった？
　良子：一生懸命練習しているのに、上手にならないの。

3）良子：せっかく作ったのに、どうして食べないの？
　武：…。

4）A：このテーブル、まだきれいなのに捨てるんですか。
　B：ええ。新しいのを買ったので、置く所がなくなったんです。

5）A：よくテニスをするんですか。
　B：いいえ。初めてです。
　A：本当ですか。初めてなのに上手ですね。

文型 4

駅に着いたら、もう人がおおぜいいました。

1）デパートへ行ったら、休みでした。

2）マリー：今朝、学校へ来るのが遅かったね。どうしたの？

　　ラフル：朝起きたら、9時だったんだ。あわてて準備して来たんだけど、遅刻しちゃった。

3）チン：指、どうしたんですか。

　　一郎：久しぶりに料理をしたら、切ってしまったんです。

4）キム：昨日、空港に着いたら、すごい人だったんです。

　　リー：何かあったんですか。

　　キム：よく見えなかったんですが、有名な俳優がいたみたいです。

文型 5

後ろの人に押されました。

受身形

グループ1	言う	→	言われる	（わ　い　う　え　お）
	呼ぶ	→	呼ばれる	（ば　び　ぶ　べ　ぼ）
	叱る	→	叱られる	（ら　り　る　れ　ろ）
グループ2	見る	→	見られる	
	食べる	→	食べられる	
グループ3	する	→	される	
	来る	→	来られる	

1）窓ガラスを割って、先生に叱られました。

2）日曜日なのに、母に朝早く起こされました。

3）子供にカメラを壊されてしまいました。

4）ラフル：今朝、遅かったですね。どうしたんですか。

マリー：事故で電車が遅れたんです。満員だったので、電車の中で足を踏まれたり、背中を押されたりして、本当に大変でした。

5）ゆうべ帰る時、雨に降られました。

6）Ａ：どうしたんですか。

Ｂ：テストが悪かったんです。

ゆうべ友達に来られて、勉強できなかったんです。

7）Ａ：眠そうですね。

Ｂ：ええ。夜、子供に泣かれて、寝られなかったんですよ。

※　先生にほめられて、とてもうれしかったです。

※　観光客に道を聞かれたので、教えてあげました。

練習d　絵を見て例のように言いましょう。…… 文型 5

例）Ａ：そこ、どうしたんですか。

Ｂ：子供にジュースをこぼされたんです。

子供／ジュースをこぼす

1．子供／汚す

2．犬／かむ

3．蚊／刺す

4．電車の中で隣の人／踏む

練習e　例のように、今までにされていやだったことを受身形を使って話しましょう。…… 文型 5

例）去年、どろぼうに財布をとられました。

練習(れんしゅう)f　絵(え)を見(み)て例(れい)のように言(い)いましょう。

文型 4・5

例(れい)）A：どうしたんですか。

B：妹(いもうと)にまんがを貸(か)したら、

汚(よご)されてしまったんです。

妹(いもうと)にまんがを貸(か)す／汚(よご)す

1．弟(おとうと)にゲームを貸(か)す／壊(こわ)す

2．妹(いもうと)にイヤリングを貸(か)す／なくす

3．隣(となり)の家(いえ)の犬(いぬ)にえさをやる／手(て)をかむ

言葉

CD- 43

□ まつり／おまつり	(お)祭り	축제
□ みこし／おみこし		가마
□ あべ	安部	아베(인명)
□ むり(かもしれない)	無理	무리(일지도 모른다)
□ きかせる	聞かせる	들려주다
□ あき	秋	가을
□ じんじゃ	神社	신사
□ たいこ	太鼓	북
□ じこ	事故	사고
□ おんなのこ	女の子	여자아이
□ よんでくる	呼んで来る	불러오다
□ はんにん	犯人	범인
□ せつめいかい	説明会	설명회
□ スケート		스케이트
□ スケート(を)する		스케이트(를)타다
□ スキーきょうしつ	スキー教室	스키교실
□ たかおさん	高尾山	다카오산
□ やまのぼり	山登り	등산
□ ケーブルカー		케이블카
□ かいさつ	改札	개찰
□ かんだえき	神田駅	간다역
□ まちがえる	間違える	잘못하다
□ はんたいほうこう	反対方向	반대 방향
□ あわてる		당황하다
□ あやまる	謝る	사과하다
□ せっかく		모처럼
□ すばらしい		훌륭하다, 근사하다
□ かんどうする	感動する	감동하다
□ でみせ	出店	노점
□ やきそば	焼きそば	야키소바
□ かきごおり	かき氷	빙수
□ ふむ	踏む	밟다
□ こぼす		흘리다, 엎지르다
□ りょこうかばん	旅行かばん	여행가방
□ いっしょうけんめい	一生懸命	열심히 함
□ ちこくする	遅刻する	지각하다

□ みえる	見える	보이다
□ ゆうめい	有名	유명함
□ しかる	叱る	꾸짖다
□ せなか	背中	등
□ (テストが)わるい	悪い	(시험결과가)좋지않다
□ なく	泣く	울다
□ ほめる		칭찬하다
□ かんこうきゃく	観光客	관광객
□ かむ		물다
□ か	蚊	모기
□ さす	刺す	쏘다, 물다
□ どろぼう		도둑
□ (財布を)とる		(지갑을)빼앗다, 훔치다
□ えさ		먹이
□ (えさを)やる		(먹이를)주다

【いろいろな表現】

□ (お祭りの話、)聞かせてくださいね。
(축제 이야기)들려주세요.

□ それは大変でしたね。 그건 정말 힘들었겠네요.

□ 本当にどうもすみませんでした。
정말 죄송했습니다.

第32課

工場見学

本文

1　日本で初めて作られました。　CD- 44~

清水：みなさん、こんにちは。私は案内係の清水と申します。
　　　見学の前に、インスタントラーメンについてご説明します。
　　　みなさんはよくインスタントラーメンを食べますか。
学生：はい。
清水：みなさんの国にもインスタントラーメンはありますか。
学生：はい。
清水：では、インスタントラーメンはどこの国で誕生したか知っていますか。
学生：……。
清水：日本です。昭和３３年、１９５８年に日本で初めて作られました。
　　　この時作られたのは袋めんでしたが、
　　　１９７１年にはカップめんが作られました。

また、1971年に初めて外国へ輸出されました。
その後、海外でも生産されるようになり、今では世界中で
食べられています。
今日は、カップめんの工場をいっしょに見学しましょう。
見学の前に、みなさんにお願いがあります。
工場では、写真撮影はできないことになっていますので、
ご注意ください。

*

清水：小麦粉、塩などがミキサーで混ぜられ、あちらの機械でのばされます。
学生：わあ、紙のように薄いですね。
清水：そうですね。だいたい1ミリぐらいの厚さになります。

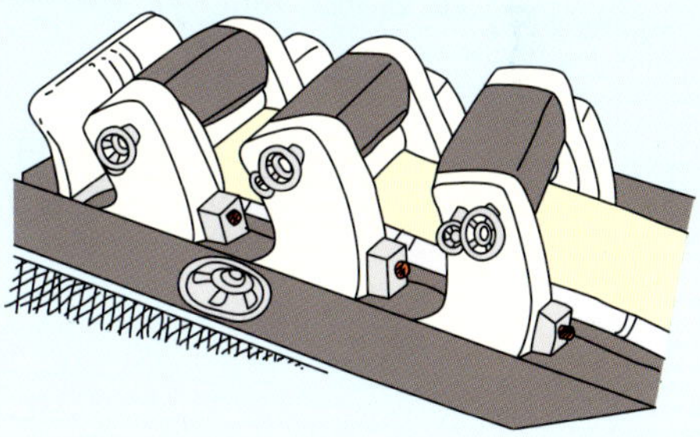

文型

1　インスタントラーメンは1958年に日本で初めて作られました。

1）英語は世界中で話されています。
2）インスタントラーメンは世界のいろいろな国で
生産されています。
3）工場の人：こちらが今日見学する工場です。
この工場ではたくさんの
ロボットが使われています。

4）先生：日本では多くの食料が外国から
輸入されています。
例えば、パンやうどんの材料の小麦は
９０％以上が輸入されています。

5）ガイド：みなさん、こちらが法隆寺です。
法隆寺は約１４００年前に
建てられました。
客：そんなに古いんですか。

練習a 絵を見て例のように言いましょう。 **文型 1**

例1）インスタントラーメンは１９５８年に作られました。

インスタントラーメン／１９５８年／作る

1．東京駅／１９１４年／建てる　　2．東京オリンピック／１９６４年／行う

例2）青森県では、りんごが生産されています。

青森県／りんご／生産する

3．ニュージーランド／英語／話す

4．日本／３種類の文字／使う

文型

2

歌手 { のようです。 / みたいです。 }

紙 { のように / みたいに } 薄いです。

1）ラフル：キムさんは歌が上手ですね。

　　ワン：そうですね。まるで歌手のようですね。

2）A：キャー、へび！

　　B：だいじょうぶですよ。これはおもちゃですよ。

　　A：えっ！　本当ですか。まるで本物みたいですね。

3）ロボットが人間のように歩いています。

4）A：見て、見て！　車がおもちゃみたいに小さいよ。

　　B：本当だ。上から見ると、とても小さいね。

練習b　絵を見て例のように言いましょう。

文型 2

例）A：この家、見てください！

　　B：わあ、まるでお城 ｛のように／みたいに｝〔 大きいです 〕ね！

この家／お城／？

1．あの女の人／モデル／？

2．この子犬／ぬいぐるみ／？

3．あのロボット／人間／？

本文

2　今、検査をしているところです。

CD- 47~

清水：こちらでは、めんを入れるカップが作られています。
　　　今、カップの検査をしているところです。

学生：カップめんにはいろいろな形の
　　　カップがありますね。
清水：そうですね。ラーメンやうどんなど、
　　　めんに合わせてカップが作られます。
　　　また、食べやすくて安全なカップを作るために、社員が研究しています。
学生：日本には何種類ぐらいのカップめんがあるんですか。
清水：今は１０００種類以上あります。
学生：そんなにたくさんあるんですか。
清水：ええ。その中の何種類かはみなさんの国にも輸出されていると
　　　思いますよ。

文型

3　カップの検査をしているところです。

1）Ａ：レポートの資料はもう見つかった？
　　Ｂ：ううん。今、探しているところだよ。
2）　客：あのう、私が頼んだスパゲッティはまだですか。
　　店員：すみません。今、作っているところなので、
　　　　もう少々お待ちください。
3）Ａ：『青いバラ』という本、とてもおもしろかったですよ。
　　Ｂ：ああ、今、私もそれを読んでいるところです。
　　　　まだ半分ぐらいしか読んでいませんが、とてもおもしろいですね。

言葉（ことば）

CD- 50

□ しみず	清水	시미즈(인명)
□ あんないがかり	案内係	안내계
□ けんがく	見学	견학
□ インスタントラーメン		인스턴트 라면
□ たんじょうする	誕生する	탄생하다
□ しょうわ	昭和	쇼와(일본 연호)
□ このとき	この時	이 때
□ ふくろめん	袋めん	봉지라면
□ カップめん		컵라면
□ ゆしゅつする	輸出する	수출하다
□ そのご	その後	그 후
□ せいさんする	生産する	생산하다
□ せかいじゅう	世界中	전세계
□ こうじょう	工場	공장
□ けんがくする	見学する	견학하다
□ おねがい	お願い	부탁
□ しゃしんさつえい	写真撮影	사진촬영
□ こむぎこ	小麦粉	밀가루
□ しお	塩	소금
□ ミキサー		믹서
□ まぜる	混ぜる	섞다
□ きかい	機械	기계
□ のばす		늘리다
□ (いち)ミリ	(1)mm	(1)밀리미터
□ あつさ	厚さ	두께
□ ロボット		로봇
□ おおく	多く	많은
□ しょくりょう	食料	식료품
□ ゆにゅうする	輸入する	수입하다
□ たとえば	例えば	예를 들면
□ こむぎ	小麦	밀
□ ガイド		가이드
□ ほうりゅうじ	法隆寺	호류지
□ たてる	建てる	세우다
□ そんなに		그렇게
□ とうきょう	東京	도쿄
□ オリンピック	オリンピック	올림픽

□ あおもりけん	青森県	아오모리 현
□ ニュージーランド		뉴질랜드
□ (さん)しゅるい	(3)種類	(3)종류
□ もじ	文字	문자
□ まるで		마치
□ へび		뱀
□ ほんもの	本物	진짜
□ にんげん	人間	인간
□ しろ／おしろ	(お)城	성
□ モデル		모델
□ こいぬ	子犬	강아지
□ ぬいぐるみ		(봉제)인형
□ めん		면
□ カップ		컵
□ けんさ	検査	검사
□ けんさ(を)する	検査(を)する	검사(를)하다
□ かたち	形	형태, 모양
□ あわせる	合わせる	맞추다
□ けんきゅうする	研究する	연구하다
□ しりょう	資料	자료
□ たのむ	頼む	부탁하다
□ あおいバラ	青いバラ	파란 장미

【いろいろな表現（ひょうげん）】

□ キャー、	으악,
□ 見（み）て、見（み）て！	봐봐!

第33課

毎日家の手伝いをさせました。

本文

1　練習ばかりしていました。

CD- 51~

松本アナウンサー…インタビューする人

高田幸枝…高田広美（マラソン選手）の母親

松本：今日のお客様は、マラソン選手高田広美さんのお母様、高田幸枝さんです。高田選手は先日の国際女子マラソン大会で、日本最高のタイムで見事に優勝なさいました。今日は、高田選手の子供のころからマラソン選手になるまでのお話を伺いたいと思います。

松本：はじめまして。よろしくお願いします。

高田：こちらこそ。

松本：広美さんはどんなお子さんだったんですか。

高田：そうですね。とても元気な子でした。よく近くの川で魚をとったり、木に登ったりしていました。よく男の子に間違えられましたよ。

松本：そうですか。広美さんが陸上を始めたのはいつですか。

高田：高校生のころです。

広美の高校の陸上部は練習がとても厳しかったんです。

土曜日も日曜日も毎日練習ばかりしていました。

松本：大変だったんでしょうね。

高田：そうですね。大変だったと思います。学校の勉強もありましたから。

松本：ああ、そうですね。

高田：でも、私はスポーツや勉強だけではなく、ほかにも大切なことがあると思っていました。だから、家では広美に毎日家の手伝いをさせました。

松本：例えば？

高田：お皿を洗わせたり、洗濯をさせたりしました。

松本：そうですか。

文型

1　毎日練習ばかりしていました。

1）柔らかい物ばかり食べていると、歯が弱くなるそうです。

2）母：テレビばかり見ているけど、だいじょうぶなの？
　　明日はテストでしょう？
　子供：だいじょうぶだよ。

3）山田：西村さんはどんな子供だったんですか。
　西村：そうですね。一人で遊ぶのが好きで、うちでゲームばかりしていました。

※　夏休み中、遊んでばかりいたので、宿題が全部できませんでした。

文型

2　広美に家の手伝いを させました。

使役形

グループ1	行く	→	行かせる	（か　き　く　け　こ）
	洗う	→	洗わせる	（わ　い　う　え　お）
	帰る	→	帰らせる	（ら　り　る　れ　ろ）
グループ2	食べる	→	食べさせる	
	覚える	→	覚えさせる	
グループ3	する	→	させる	
	来る	→	来させる	

① 子供が野菜を食べる　→　お母さんは子供に野菜を食べさせる

1）先生：うちで健志君に、どんな勉強をさせていますか。

　　母：教科書を読ませたり、漢字を覚えさせたりしています。

2）　　社長：私の会社では、新入社員にまず敬語の使い方を練習させます。

　アナウンサー：そうですか。

② 子供が泳ぐ → お父さんは子供を泳がせる

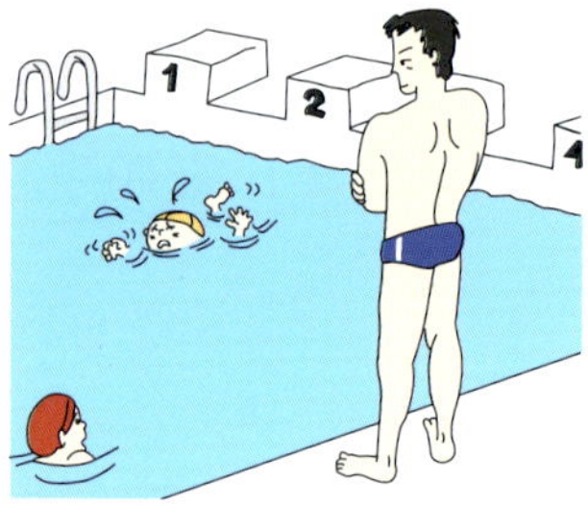

3）部長：社長を東京駅に迎えに行かなくてはいけないんだけど…。
　係長：じゃあ、山本を行かせましょう。

4）アナウンサー：東都大学の選手は体力がありますね。
　監督：ええ。毎日１０キロ走らせているんです。

5）日本では、小さい時から子供を塾に通わせる親が多い。

練習a 絵を見て例のように言いましょう。 文型 2

例）お母さんは子供に
牛乳を飲ませました。

牛乳を飲む

1．お皿を洗う

2．部屋のそうじをする

3．英語の塾に通う

友達と話そう

- 国で、先生は学生に何をさせますか。
- 国で、親は子供に何をさせますか。

本文

2　就職したらどうですか。

CD- 54~

松本：高校を卒業した後、広美さんは体育大学に進学なさいましたね。

高田：ええ。あの時は、なかなか進路が決まらなくて本当に心配しました。
私は「大学に行かないで、就職したらどう？」と言ったんですが、
広美は大学に行きたがっていました。結局、陸上部の先生が、
広美を体育大学に推薦してくださったんです。

松本：そうだったんですか。その後、大学を卒業してから、
マラソン選手として活躍するようになりましたね。

高田：ええ。大学に入学する時は、体育の先生になると言っていたんですが、
大学にいる間に考えが変わったようです。

松本：ご両親は、広美さんがマラソン選手になることに
反対なさらなかったんですか。

高田：初めは驚きましたが、広美が自分で決めたことですから、
反対はしませんでした。

松本：そうですか。

＊

松本：今日は、どうもありがとうございました。これからも広美さんの
ご活躍を楽しみにしています。

高田：こちらこそありがとうございました。

文型

3　就職したらどうですか。

1）西村：長井さんの電話番号、知っていますか。

木村：いいえ…。林さんに聞いてみたらどうですか。

知っているかもしれませんよ。

2）看護師：アルンさん、今日はあまり歩かないほうがいいですよ。

タクシーで帰ったらどうですか。

アルン：でも、電話番号がわからないんです。

看護師：電話の所にはってありますよ。

3）幸子：最近、顔色が悪いわよ。病院に行って検査してもらったら？

一郎：今度行くよ。今、忙しくて行く暇がないんだ。

練習b　例のように言いましょう。

文型 3

例）映画のチケットを安く買いたい／

駅前のチケットショップに行く／映画の割り引き券もあると思う

A：映画のチケットを安く買いたいんですが…。

B：そうですか。じゃ、駅前のチケットショップに行ってみたらどうですか。

映画の割り引き券もあると思いますよ。

1．温泉に行きたい／

駅前の文化トラベルに行く／たくさんパンフレットがある

2．安い居酒屋を予約したい／

キムさんに聞く／よく居酒屋に行くと言っていた

3．日本人の友達がほしい／

区の国際交流センターに聞く／いろいろなイベントをやっている

☆友達と話しましょう。

言葉

CD- 57

□ ま⌈つもと	松本	마츠모토(인명)
□ た⌈かだ ゆ⌈きえ	高田幸枝	다카다 유키에(인명)
□ た⌈かだ ひ⌈ろみ	高田広美	다카다 히로미(인명)
□ マ⌈ラソンせ⌉んしゅ	マラソン選手	마라톤 선수
□ は⌉はおや	母親	어머니
□ お⌈か⌉あさま	お母様	어머님
□ せ⌉んしゅ	選手	선수
□ こ⌈くさいじょ⌉し マ⌈ラソンた⌉いかい	国際女子 マラソン大会	국제 여자 마라톤대회
□ に⌈ほ⌉んさ⌈いこう	日本最高	일본 최고
□ タ⌉イム		타임
□ み⌉ごと	見事	훌륭함, 멋짐
□ ゆ⌈うしょうする	優勝する	우승하다
□ (魚を)と⌉る		(물고기를)잡다
□ の⌈ぼる	登る	오르다
□ り⌈くじょう	陸上	육상
□ り⌈くじょ⌉うぶ	陸上部	육상부
□ き⌈びし⌉い	厳しい	엄하다
□ だ⌉から		그래서
□ (歯が)よ⌈わ⌉い	弱い	(이가)약하다
□ な⌈つやすみちゅう	夏休み中	여름방학 동안
□ しゃ⌈ちょう	社長	사장
□ け⌈いご	敬語	경어
□ ぶ⌈ちょう	部長	부장
□ か⌈かり⌉ちょう	係長	계장
□ た⌉いりょく	体力	체력
□ (体力が)あ⌉る		(체력이)있다
□ か⌉んとく	監督	감독
□ (い⌈ち⌉)キロ	(1)km	1킬로미터
□ じゅ⌉く	塾	학원
□ お⌈や⌉	親	부모
□ た⌈いいくだ⌉いがく	体育大学	체육대학
□ あ⌈のと⌉き	あの時	그 때
□ け⌈っきょく	結局	결국
□ す⌈いせんする	推薦する	추천하다
□ か⌈つやくする	活躍する	활약하다
□ にゅ⌈うがくする	入学する	입학하다
□ た⌉いいく	体育	체육
□ か⌈んが⌉え	考え	생각
□ か⌈わる	変わる	바뀌다
□ は⌈んたいする	反対する	반대하다
□ か⌈つやく／ご⌈かつやく	(ご)活躍	활약
□ チ⌈ケットショ⌉ップ		티켓샵
□ ぶ⌈んかトラ⌉ベル	文化トラベル	분카 트래블
□ パ⌉ンフレット		팜플릿
□ く⌉	区	구
□ こ⌈くさい こうりゅうセンター	国際 交流センター	국제교류센터
□ イ⌈ベント		이벤트

【いろいろな表現】

□ 例えば？	예를 든다면?

第(だい)**34**課(か)

お祝(いわ)い

本文(ほんぶん)

1　先輩(せんぱい)にいろいろなことをさせられました。

CD- 58~

(鈴木(すずき)さんのうちの玄関(げんかん)で)

鈴木一郎(すずきいちろう)：チンさん、いらっしゃい。

チン：こんにちは。今日(きょう)は招待(しょうたい)してくださってありがとうございます。

鈴木幸子(すずきさちこ)：チンさん、大学合格(だいがくごうかく)おめでとう。本当(ほんとう)によかったわ。

一郎(いちろう)：今日(きょう)はチンさんとマリーさんの合格祝(ごうかくいわ)いだから、
ゆっくりしていってください。

チン：ありがとうございます。

幸子(さちこ)：もうマリーさんも来(き)てるわよ。
どうぞ上(あ)がって。

チン：失礼(しつれい)します。

(居間(いま)で)

一郎(いちろう)：４月(がつ)から大学生(だいがくせい)だけど、大学(だいがく)ではどんなことをしたいの？

チン：そうですね。勉強(べんきょう)もがんばるつもりですが、
クラブに入(はい)って友達(ともだち)をたくさん作(つく)りたいです。

一郎(いちろう)：そう。どんなクラブに入(はい)るつもりなの？

チン：体(からだ)を動(うご)かすのが好(す)きなので、何(なに)かスポーツ関係(かんけい)のクラブに入(はい)ろうと
思(おも)っているんです。

一郎(いちろう)：体育系(たいいくけい)か…。おもしろいけど、新入生(しんにゅうせい)は先輩(せんぱい)にいろいろなことを
させられるから、大変(たいへん)だよ。

チン：どんなことをさせられるんですか。

一郎：僕はサッカー部だったんだけど、毎日何キロも走らせられたり、部室やグラウンドのそうじをさせられたりしたなあ。

チン：へえ。

幸子：でも、大学やクラブによって、雰囲気も違うんじゃない？

一郎：そうだね。クラブに入るなら、見学してから決めたほうがいいよ。

チン：はい、わかりました。いくつか見学してみます。

文型

1　新入生は先輩にいろいろなことをさせられます。

使役受身形

＜使役形＞		＜使役受身形＞
洗わせる	→	洗わせられる
行かせる	→	行かせられる
食べさせる	→	食べさせられる
させる	→	させられる
来させる	→	来させられる

1）健志君はお母さんにお皿を洗わせられました。

2）高田広美：子供のころ、母に家の手伝いをさせられました。

3）チン：一郎さんは学生の時、サッカー部の先輩に部室のそうじを

させられたそうです。

4）幸子：ワンさんは嫌いな食べ物がありますか。

ワン：いいえ、ありません。子供のころはにんじんが嫌いで、

よく母に食べさせられました。でも、今は大好きです。

5）長井：西村さんは大学を卒業して、銀行に就職したそうですね。

本田：ええ。毎日遅くまで残業させられて大変みたいですよ。

長井：そうですか。

練習a　絵を見て例のように言いましょう。

文型 1

例）母に野菜を食べさせられました。

母／野菜を食べる

1．母／そうじをする

2．母／英語を習う

3．父／泳ぐ

4．監督／走る

5．先輩／歌を歌う

友達と話そう

・今までに、両親や先生にどんなことをさせられましたか。

文型 2

クラブに入るなら、見学してから決めたほうがいいですよ。

1）A：大阪まで安く行きたいんですが、何で行けばいいですか。

B：安く行くなら、高速バスがいいですよ。

2）A：温泉に行きたいと思っているんですが、東京の近くに おすすめの場所はありますか。

B：それなら、箱根がいいと思いますよ。

3）サラ：来年、京都へ行こうと思っているんですが、いい季節はいつですか。

山本：そうですね。桜を見るなら春ですが、紅葉を見るなら秋がいいと思いますよ。

4）先生：ワンさん、だいじょうぶですか。顔が赤いですよ。

ワン：はい。かぜをひいて熱があるんです。

先生：熱があるなら、すぐ帰ったほうがいいですよ。

ワン：わかりました。

練習b 例のように言いましょう。

文型 2

例）A：日曜日に横浜へ行こうと思っているんですが、おすすめの場所はありますか。

B：そうですね。海を見るなら山下公園ですが、おいしい物を食べるなら中華街がいいと思いますよ。

日曜日／横浜／海を見る・山下公園／おいしい物を食べる・中華街

1．冬休み／北海道／スキーをする・ニセコ／きれいな街を見る・函館

2．夏休み／沖縄／海で泳ぐ・ムーンビーチ／歴史がある所を見る・首里城

チャレンジ！

今度、友達があなたの国へ遊びに行きます。例のように、おすすめの場所を紹介してください。そこはどんな所で、どんな料理がおいしいかなども説明しましょう。

例）（タイで）

タナポーン：来年の夏、日本へ行こうと思っているんです。

佐々木由美：そうですか。

タナポーン：それで、佐々木さんにおすすめの場所を教えてもらいたいんですが…。

佐々木：そうですね。古いお寺や建物を見るなら京都ですが、
きれいな自然を楽しむなら北海道や沖縄がいいと思いますよ。

タナポーン：そうですか。私は自然が好きだから北海道や沖縄がいいですね。
あのう、沖縄はどんな所ですか。

佐々木：きれいな島がたくさんあって、泳いだり、ダイビングをしたりできますよ。

タナポーン：いいですね。沖縄の食べ物はどうですか。

佐々木：沖縄にはいろいろなおいしい料理がありますよ。

タナポーン：そうですか。

佐々木：沖縄料理を食べるなら、ぜひぶた肉の料理を食べてください。
とってもおいしいですよ。

・

・

・

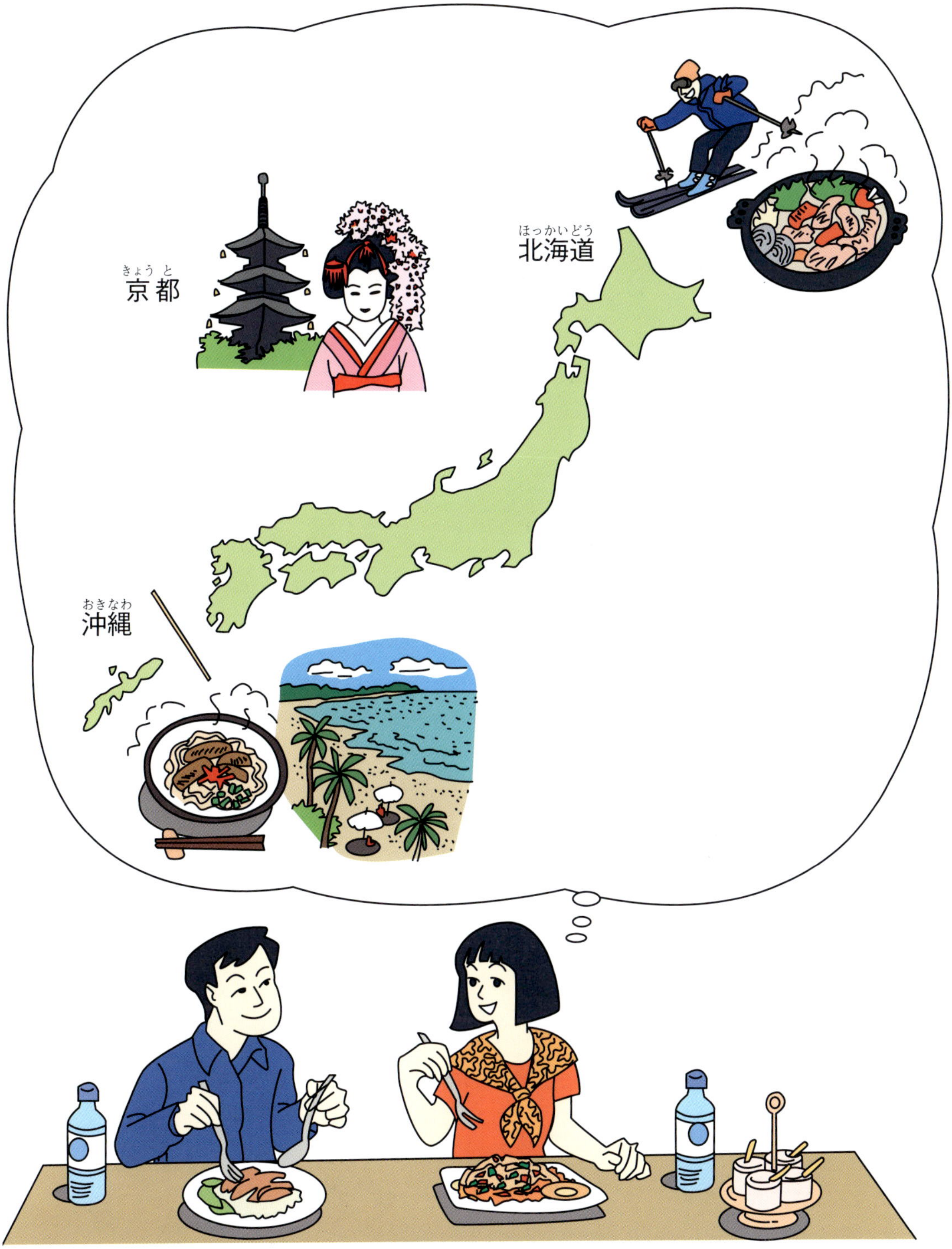
北海道(ほっかいどう)
京都(きょうと)
沖縄(おきなわ)

本文(ほんぶん)

2　みんなで乾杯(かんぱい)しよう。

CD- 60~

マリー：武(たけし)さんと良子(よしこ)さん、遅(おそ)いですね。

幸子(さちこ)：そうね。

一郎(いちろう)：あっ、武(たけし)さんからメールだ。
ちょっと遅(おく)れるから、先(さき)に始(はじ)めてくださいって。
良子(よしこ)さんといっしょに来(く)るそうだよ。

幸子(さちこ)：そう。じゃ、先(さき)に始(はじ)めましょうか。

一郎(いちろう)：そうだね。飲(の)み物(もの)は？

幸子(さちこ)：冷(ひ)やしてあるから、今(いま)、持(も)って来(く)るね。

*

一郎(いちろう)：では、マリーさんとチンさんの合格(ごうかく)を祝(いわ)って…。

（ピンポーン）

幸子(さちこ)：あっ、ちょっと待(ま)って。武(たけし)さんたちじゃない？

*

武(たけし)・良子(よしこ)：遅(おそ)くなってすみません。

一郎(いちろう)：ちょうど乾杯(かんぱい)をするところだったんだよ。間(ま)に合(あ)ってよかった。

武(たけし)：本当(ほんとう)にすみませんでした。チンさん、マリーさん、合格(ごうかく)おめでとう。

チン・マリー：ありがとうございます。

良子(よしこ)：あの…。私(わたし)たちも報告(ほうこく)があるんです。

一郎(いちろう)：え？　何(なに)？

武(たけし)：実(じつ)は…。僕(ぼく)たち、婚約(こんやく)したんです。

みんな：わあ、おめでとう。

武(たけし)・良子(よしこ)：ありがとうございます。

一郎(いちろう)：じゃあ、みんなで乾杯(かんぱい)しよう。

みんな：乾杯(かんぱい)！

文型

3　冷やしてあります。

1）健志：今日は伸の誕生日だね。ケーキは？

　　母：もちろん買ってあるよ。

2）A：金曜日の夜、みんなでカラオケに行こうと思っているんですが、

　　いっしょに行きませんか。

　B：いいですね。でも、金曜日は込んでいませんか。

　A：大きい部屋を予約してあるから、だいじょうぶですよ。

3）（学生会館で）

先輩：そろそろみんなが来る時間だけど、パーティーの準備はできた？

後輩：はい。

先輩：飲み物は？

後輩：冷やしてあります。

先輩：ピザは？

後輩：注文してあります。もうすぐ来ると思います。

練習C　例のように言いましょう。

文型 3

例）店長：店の準備はできた？
　　店員：はい。
　　店長：材料は？
　　店員：準備してあります。

1．（レストランで）店の準備

2.（会社で）社長の出張の準備

言葉(ことば)

CD- 63

□ しょうたいする	招待する	초대하다
□ だいがくごうかく	大学合格	대학 합격
□ ごうかくいわい	合格祝い	합격 축하 (합격을 축하하는 자리)
□ いま	居間	거실
□ クラブ		서클
□ (クラブに)はいる	入る	(서클에)들다
□ (友達(ともだち)を)つくる	作る	(친구를)사귀다
□ たいいくけい	体育系	체육계
□ しんにゅうせい	新入生	신입생
□ サッカーぶ	サッカー部	축구부
□ ぶしつ	部室	부실
□ グラウンド		그라운드
□ (クラブ)によって		(서클에)따라
□ ちがう	違う	다르다
□ おそく	遅く	늦다
□ ざんぎょうする	残業する	야근하다
□ はしる	走る	달리다
□ こうそくバス	高速バス	고속버스
□ きせつ	季節	계절
□ こうよう	紅葉	단풍
□ やましたこうえん	山下公園	야마시타 공원
□ ちゅうかがい	中華街	중화가
□ ニセコ		니세코
□ はこだて	函館	하코다테
□ ムーンビーチ		문비치
□ れきし	歴史	역사
□ しゅりじょう	首里城	수리성
□ タナポーン		다나폰(인명)
□ てら／おてら	(お)寺	절
□ しぜん	自然	자연
□ しま	島	섬
□ ダイビング		다이빙
□ ダイビング(を)する		다이빙(을)하다
□ おきなわりょうり	沖縄料理	오키나와 요리
□ ごうかく	合格	합격
□ いわう	祝う	축하하다
□ かんぱい	乾杯	건배
□ かんぱい(を)する	乾杯(を)する	건배(를)하다
□ ほうこく	報告	보고
□ じつは	実は	사실은
□ こんやくする	婚約する	약혼하다
□ もちろん		물론
□ ピザ		피자
□ チェックリスト		체크리스트
□ かんばん	看板	간판
□ セットする		셋팅하다
□ しゅっちょう	出張	출장
□ メモ		메모

【いろいろな表現(ひょうげん)】

□ ゆっくりしていってください。 천천히 놀다 가세요.

□ 乾杯(かんぱい)！ 건배!

단어 · 주요표현 복습

位置(いち)を表(あらわ)す言葉(ことば)

上(うえ)

中(なか)

下(した)

後(うし)ろ

前(まえ)

左(ひだり)

右(みぎ)

隣(となり)

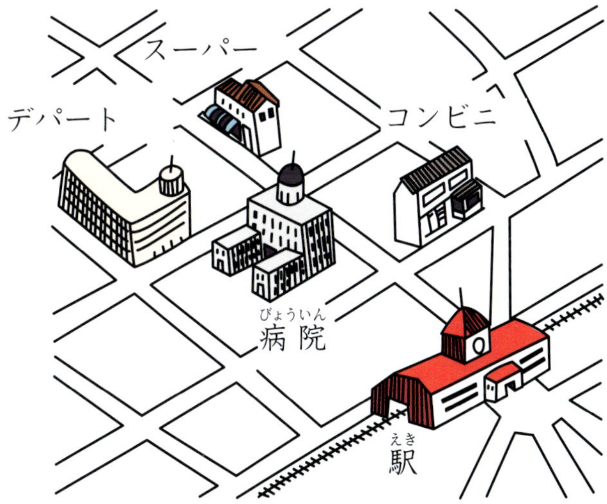

そば

時（とき）の言（い）い方（かた）

おととい　昨日（きのう）　今日（きょう）　明日（あした）　あさって

朝（あさ）　昼（ひる）　（夕方（ゆうがた））　夜（よる）

ゆうべ＝昨日（きのう）の夜（よる）

今朝（けさ）＝今日（きょう）の朝（あさ）

今夜（こんや）／今晩（こんばん）＝今日（きょう）の夜（よる）

先週（せんしゅう）	今週（こんしゅう）	来週（らいしゅう）
先月（せんげつ）	今月（こんげつ）	来月（らいげつ）
去年（きょねん）	今年（ことし）	来年（らいねん）

家族の呼び方

私の家族

祖母　祖父　　　　祖母　祖父

母　父

両親

妹　弟　私　姉　兄

兄弟

兄弟の呼び方①		兄弟の呼び方②	
私		一番目の姉 （いちばん上の姉）	
一番目の 弟		二番目の姉	
二番目の 弟		三番目の姉	
三番目の 弟 （いちばん下の 弟 ）		私	

山田さんのご家族

おばあさん　おじいさん

おばあさん　おじいさん

ご両親

お母さん　お父さん

ご兄弟

妹さん　弟さん　山田さん　お姉さん　お兄さん

料理（りょうり）の言葉（ことば）

牛肉（ぎゅうにく）

ぶた肉（にく）

とり肉（にく）

たまご

たまねぎ

キャベツ

じゃがいも

にんじん

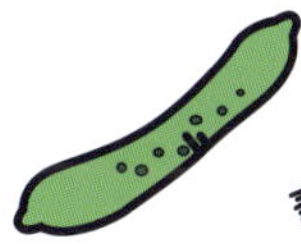

きゅうり

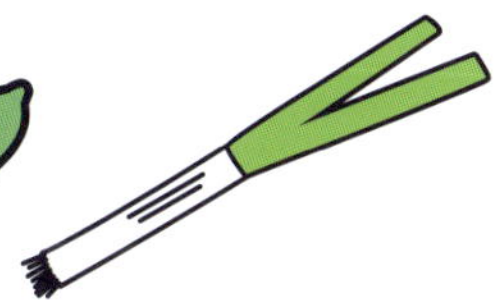

ねぎ

ごはん

パン

魚（さかな）

貝（かい）

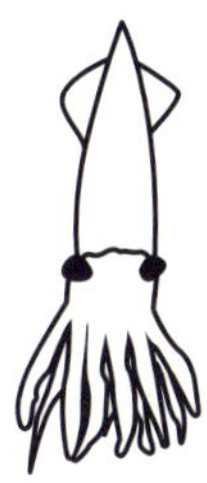

いか

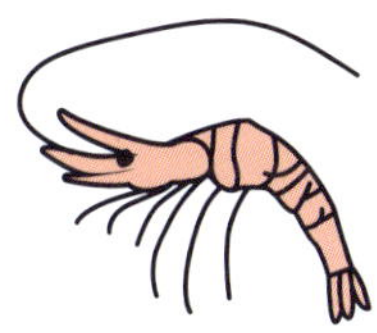

えび

油（あぶら）

しょうゆ

砂糖（さとう）

塩（しお）

こしょう

～を切る

～を炒める

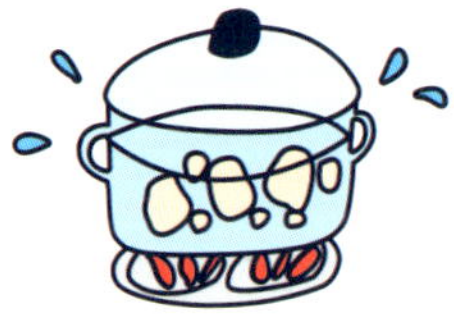

～を煮る

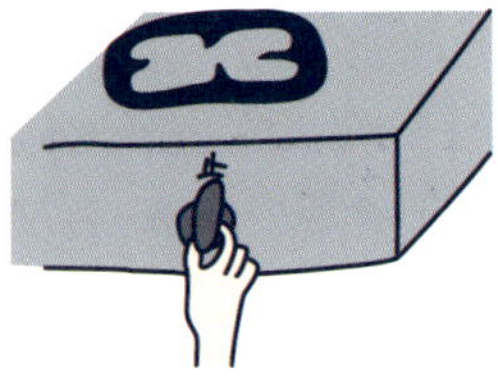

火をつける／止める

～を焼く

ごはんを炊く

～に～を入れる

お湯を沸かす

なべ

フライパン

大さじ　小さじ

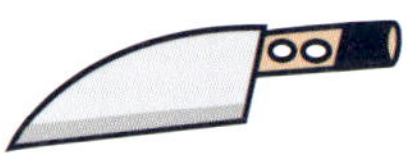

包丁

はし

ちゃわん

どんぶり

体の言葉

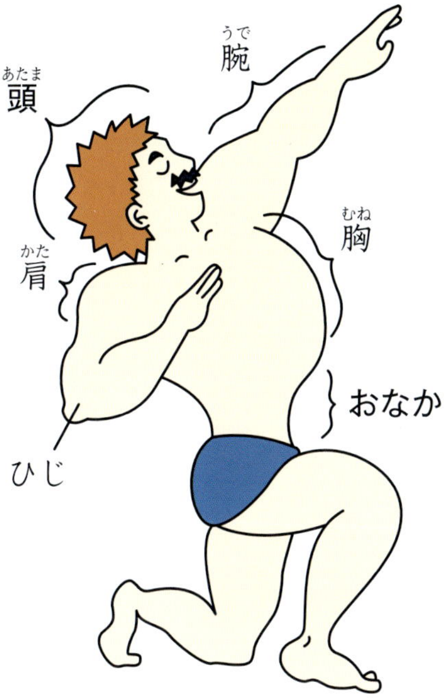

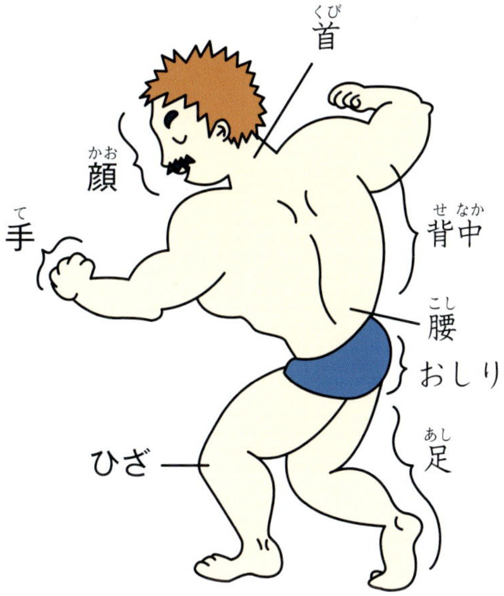

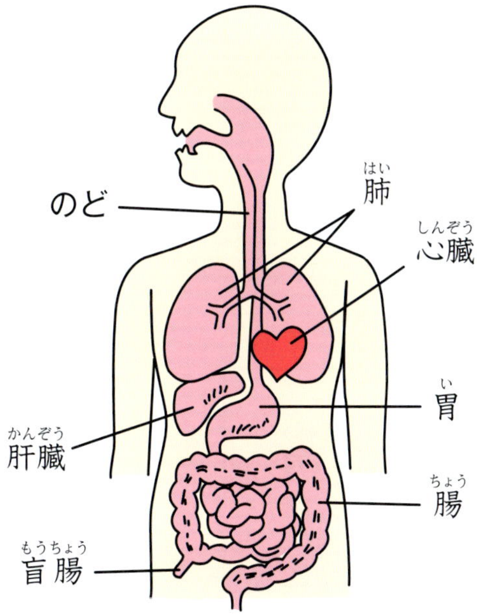

病気の症状

1．かぜをひく【内科】

頭が痛い

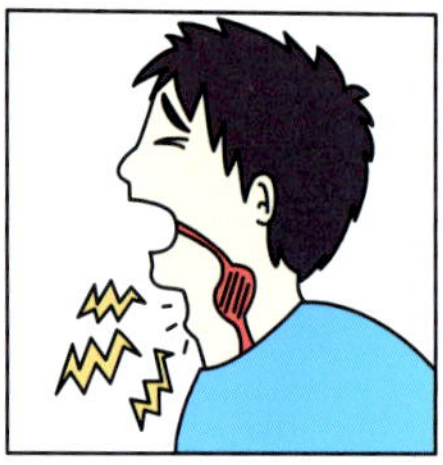

のどが痛い

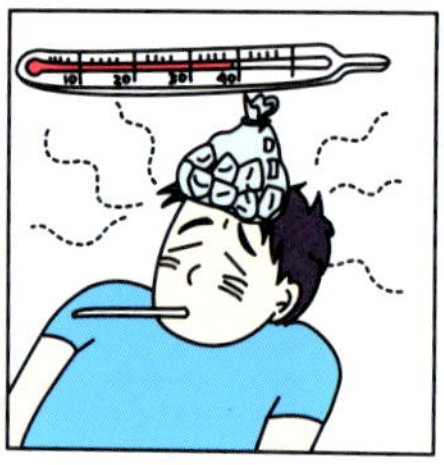

熱がある

寒気がする

鼻がつまる

鼻水が出る

くしゃみが出る

せきが出る

2．おなかの具合が悪い【内科】

気持ちが悪い

もどす／吐く

食欲がない

下痢をする　　お通じ／便通がある　　便秘

3．そのほか

歯が痛い【歯科】

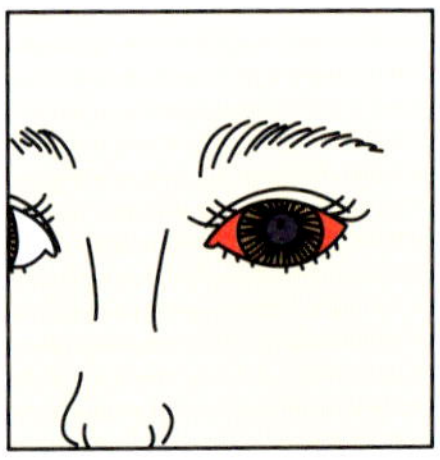

目が赤い【眼科】

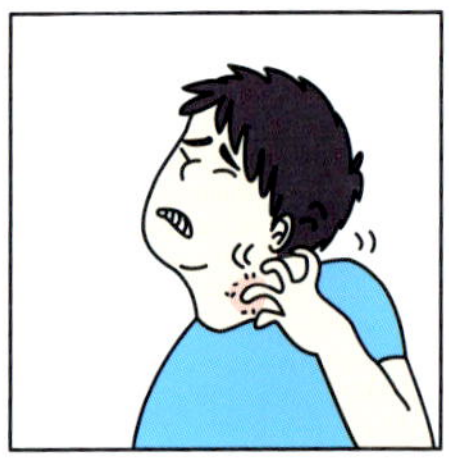

～がかゆい【皮膚科】

薬(くすり)の種類(しゅるい)・病院(びょういん)で使(つか)う言葉(ことば)

1. 薬(くすり)の種類(しゅるい)

かぜ薬(ぐすり)(を飲(の)む)

胃腸薬(いちょうやく)(を飲(の)む)

痛(いた)みどめ(を飲(の)む)

解熱剤(げねつざい)(を飲(の)む)

錠剤(じょうざい)

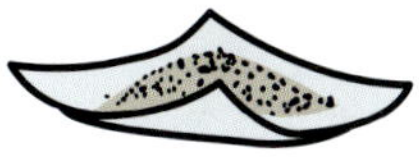

粉薬(こなぐすり)

カプセル

しっぷ薬(やく)(をはる)

ぬり薬(ぐすり)(をぬる)

うがい薬(ぐすり)
(でうがいをする)

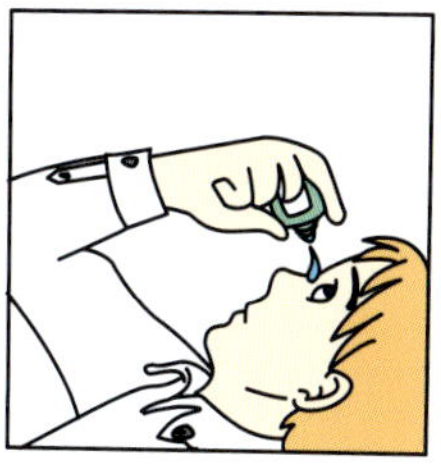

目薬(めぐすり)(をさす)

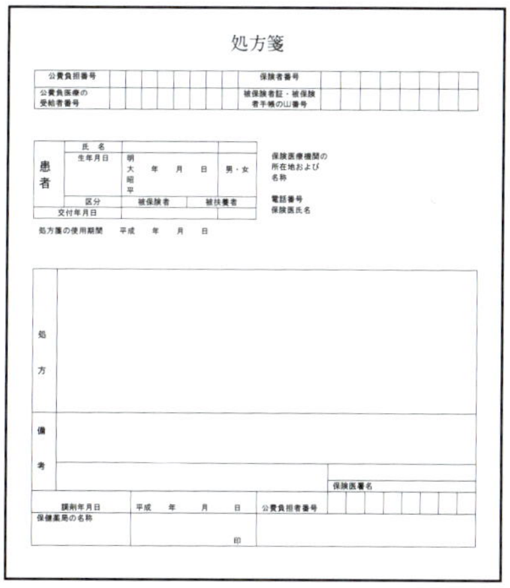

処方箋

公費負担番号 | 保険者番号
公費負担医療の受給者番号 | 被保険者証・被保険者手帳の山番号

患者：氏名 / 生年月日 明 大 昭 平 年 月 日 男・女 / 区分 被保険者 被扶養者 / 交付年月日

保険医療機関の所在地および名称
電話番号
保険医氏名

処方箋の使用期間 平成 年 月 日

処方

備考

保険医署名

調剤年月日 平成 年 月 日 | 公費負担者番号
保健薬局の名称 | 印

処方箋(しょほうせん)

2. 病院(びょういん)で使(つか)う言葉(ことば)

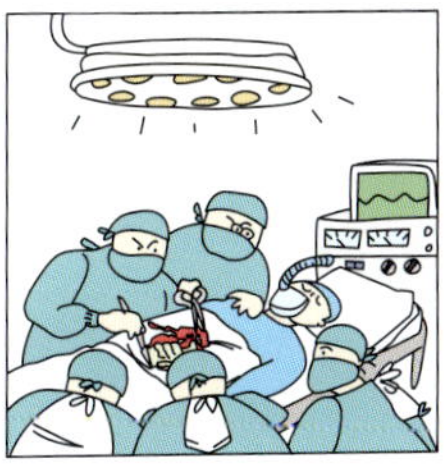

手術(しゅじゅつ)(を)する

注射(ちゅうしゃ)(を)する

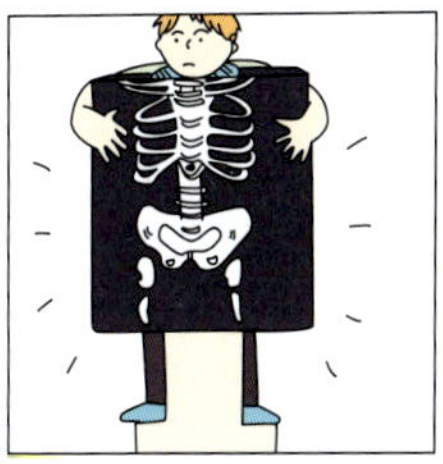

レントゲンを撮(と)る

服装(ふくそう)の言葉(ことば)

かぶる 帽子(ぼうし)

かける めがね

着(き)る 上着(うわぎ)　セーター　シャツ　Tシャツ　ブラウス　スーツ　ワンピース　着物(きもの)

はく スカート　ジーパン（ジーンズ）　ズボン（パンツ）　靴下(くつした)　靴(くつ)

する イヤリング　ピアス　ネックレス　ネクタイ　ベルト　時計(とけい)　指輪(ゆびわ)　コンタクトレンズ（コンタクト）

禁止(きんし)・許可(きょか)

～てはいけません。　と　～てもいいです。

ここでたばこを吸(す)ってはいけません。
（第(だい)９課文型(かぶんけい)３）

ここでたばこを吸(す)ってもいいです。
（第(だい)９課文型(かぶんけい)４）

～なくてはいけません。　と　～なくてもいいです。

お金(かね)を払(はら)わなくてはいけません。
（第(だい)２０課文型(かぶんけい)７）

お金(かね)を払(はら)わなくてもいいです。
（第(だい)２１課文型(かぶんけい)４）

親しい友達との会話

動詞	行きます。	行く。
	行きました。	行った。
	行きますか。	行く？
	行きましたか。	行った？
	行きませんか。	行かない？
	行きましょう。	行こう。
	手伝いましょうか。	手伝おうか？
い形容詞	新しいです。	新しい。
	新しくありません。	新しくない。
	新しかったです。	新しかった。
	新しいですか。	新しい？
な形容詞	元気です。	※元気。
	元気じゃありません。	元気じゃない。
	元気でした。	元気だった。
	元気ですか。	※元気？
名詞	あさってです。	※あさって。
	あさってじゃありません。	あさってじゃない。
	学生でした。	学生だった。
	学生ですか。	※学生？
その他	いつですか。	※いつ？
	はい	うん
	いいえ	ううん

※辞書形

	＜男（おとこ）の人（ひと）＞	＜女（おんな）の人（ひと）＞
私（わたし）	**僕（ぼく）**	**私（わたし）**
どうしたんですか。	**どうしたの？**	**どうしたの？**
痛（いた）いんです。	**痛（いた）いんだ。**	**痛（いた）いの。／痛（いた）いんだ。**
おいしいですよ。	**おいしいよ。**	**おいしいわよ。／おいしいよ。**
元気（げんき）ですよ。	**元気（げんき）だよ。**	**元気（げんき）よ。／元気（げんき）だよ。**
学生（がくせい）ですよ。	**学生（がくせい）だよ。**	**学生（がくせい）よ。／学生（がくせい）だよ。**
おいしいですね。	**おいしいね。**	**おいしいわね。／おいしいね。**
元気（げんき）ですね。	**元気（げんき）だね。**	**元気（げんき）ね。／元気（げんき）だね。**
学生（がくせい）ですね。	**学生（がくせい）だね。**	**学生（がくせい）ね。／学生（がくせい）だね。**

貸（か）してください。	**貸（か）して。**
勉強（べんきょう）しています。	**勉強（べんきょう）してる。**
～と言（い）っていました。	**～って（言（い）ってた）。**
そうじしなくてはいけません。	**そうじしなくちゃ。** **そうじしなきゃ。**
忘（わす）れてしまいました。	**忘（わす）れちゃった。**
すみません。	**ごめん。**

授受表現(じゅじゅひょうげん)

誰(だれ)について話(はな)しているか注意(ちゅうい)して、下(した)の絵(え)と文(ぶん)を見(み)てみましょう。

武(たけし)さんは良子(よしこ)さんにプレゼントをあげました。

良子(よしこ)さんは武(たけし)さんにプレゼントをもらいました。

次(つぎ)に下(した)の絵(え)と文(ぶん)を見(み)て、いつ「くれる」を使(つか)うのか考(かんが)えましょう。

武(たけし)さんは良子(よしこ)さんにプレゼントをあげました。

良子(よしこ)さんは武(たけし)さんにプレゼントをもらいました。

武(たけし)さんは京子(きょうこ)さんにプレゼントをあげました。

京子(きょうこ)さんは武(たけし)さんにプレゼントをもらいました。

武(たけし)さんは私(わたし)にプレゼントを~~あげました~~。
くれました。

私(わたし)は武(たけし)さんにプレゼントをもらいました。

「くれる」についてもう少し詳しく見てみましょう。

「自分の家族」は「私」と同じだと考えます。

「話している相手」も「私」と同じだと考えます。

自動詞と他動詞

[自動詞]　　[他動詞]

①

ドアが開く

ドアを開ける

②

ドアが閉まる

ドアを閉める

③

糸が切れる

糸を切る

[自動詞(じどうし)]　　[他動詞(たどうし)]

④

ジュースが出(で)る

ジュースを出(だ)す

⑤

風車(ふうしゃ)が回(まわ)る

ハンドルを回(まわ)す

⑥

りんごが落(お)ちる

りんごを落(お)とす

⑦

木(き)が倒(たお)れる

木(き)を倒(たお)す

[自動詞(じどうし)]　　[他動詞(たどうし)]

⑧

人形(にんぎょう)が動(うご)く

人形(にんぎょう)を動(うご)かす

⑨

水(みず)が止(と)まる

水(みず)を止(と)める

⑩

皿(さら)が割(わ)れる

皿(さら)を割(わ)る

［自動詞］　　　　　　　　［他動詞］

⑪

Tシャツが汚れる

Tシャツを汚す

⑫

電気がつく

電気をつける

⑬

電気が消える

電気を消す

⑭

カメラが壊れる

カメラを壊す

［自動詞］ ［他動詞］

⑮

起きる

子供を起こす

⑯

（お風呂に）入る

赤ちゃんを（お風呂に）入れる

⑰

犬を（車に）乗せる

（車に）乗る

All new
개정판

Bunka

文化 日本語 1

동사・い형용사・な형용사 일람

課 (과)	動詞(동사)		
	グループ1(1그룹)		グループ2(2그룹)
27	行う (足を)組む	落ち着く 並ぶ	聞こえる 答える 出かける (質問が) 出る
28	(人を) 送る (おなかが) すく 見送る	片付く 連れて行く	変える (壊れたパソコンを) みる (宿題を) みる
29	いただく[もらう] くださる[くれる]	うまくいく	差し上げる[あげる]
30	(口に) 合う いただく[食べる] いらっしゃる[来る] おいでになる[来る] おっしゃる[言う] ご覧になる[見る] なさる[する] 参る[来る]	いたす[する] いただく[飲む] おいでになる[行く] おいでになる[いる] おる[いる] (予約を) 取る 参る[行く] 召し上がる[飲む]	(電話を) かける (いすに) かける 存じる[知る] 任せる
31	謝る こぼす 叱る 泣く (えさを) やる	かむ 刺す (財布を) とる 踏む	あわてる 聞かせる ほめる 間違える 見える
32	頼む	のばす	合わせる 建てる 混ぜる
33	(体力が) ある (魚を) とる	変わる 登る	

	形容詞（형용사）	
グループ3（3그룹）	い形容詞（い형용사）	な形容詞（な형용사）
ノック（を）する 予想する	（熱が） 高い （時間が） ない 速い	専門的
お礼（を）する 紹介する 待ち合わせ（を）する ごちそうする 提出する	（雰囲気が） いい かっこいい	快適 急 クラシック（な店）
安心する 入院する 心配する びっくりする	うまい 心細い	久しぶり
遠慮する 拝見する［見る］ 注文する		
感動する 遅刻する 呼んで来る スケート（を）する （お）祭り（を）する	すばらしい （テストが） 悪い	無理（かもしれない） 有名
見学する 検査（を）する 誕生する 輸入する 研究する 生産する 輸出する		
活躍する 入学する 優勝する 推薦する 反対する	厳しい （歯が） 弱い	見事

課(か)（과）	動詞(どうし)（동사）	
	グループ1（1그룹）	グループ2（2그룹）
34	祝(いわ)う　走(はし)る 違(ちが)う　（友達(ともだち)を）作(つく)る （クラブに）入(はい)る	

		形容詞(けいようし)(형용사)	
	グループ3(3그룹)	い形容詞(けいようし)(い형용사)	な形容詞(けいようし)(な형용사)
	乾杯(かんぱい)(を)する 残業(ざんぎょう)する セットする		
	婚約(こんやく)する 招待(しょうたい)する ダイビング(を)する		

형태가 비슷한 자동사와 타동사

自動詞(じどうし)	他動詞(たどうし)	自動詞(じどうし)	他動詞(たどうし)
合(あ)う	合(あ)わせる	出(で)る	出(だ)す
上(あ)がる	上(あ)げる	泊(と)まる	泊(と)める
開(あ)く	開(あ)ける	止(と)まる	止(と)める
集(あつ)まる	集(あつ)める	取(と)れる	取(と)る
動(うご)く	動(うご)かす	治(なお)る	治(なお)す
起(お)きる	起(お)こす	なくなる	なくす
落(お)ちる	落(お)とす	鳴(な)る	鳴(な)らす
降(お)りる	降(お)ろす	煮(に)える	煮(に)る
終(お)わる	終(お)える／終(お)わる	乗(の)る	乗(の)せる
かかる	かける	入(はい)る	入(い)れる
片付(かたづ)く	片付(かたづ)ける	始(はじ)まる	始(はじ)める
消(き)える	消(け)す	冷(ひ)える	冷(ひ)やす
決(き)まる	決(き)める	増(ふ)える	増(ふ)やす
切(き)れる	切(き)る	減(へ)る	減(へ)らす
壊(こわ)れる	壊(こわ)す	回(まわ)る	回(まわ)す
閉(し)まる	閉(し)める	見(み)つかる	見(み)つける
倒(たお)れる	倒(たお)す	汚(よご)れる	汚(よご)す
つく	つける	割(わ)れる	割(わ)る

조수사표 기간

	～時間(じかん)	～日(にち)（間(かん)）	～週間(しゅうかん)	～か月(げつ)	～年(ねん)
1	いちじかん	いちにち	いっしゅうかん	いっかげつ	いちねん
2	にじかん	ふつか（かん）	にしゅうかん	にかげつ	にねん
3	さんじかん	みっか（かん）	さんしゅうかん	さんかげつ	さんねん
4	よじかん	よっか（かん）	よんしゅうかん	よんかげつ	よねん
5	ごじかん	いつか（かん）	ごしゅうかん	ごかげつ	ごねん
6	ろくじかん	むいか（かん）	ろくしゅうかん	ろっかげつ はんとし	ろくねん
7	しちじかん ななじかん	なのか（かん）	ななしゅうかん	ななかげつ	しちねん ななねん
8	はちじかん	ようか（かん）	はっしゅうかん	はちかげつ	はちねん
9	くじかん	ここのか（かん）	きゅうしゅうかん	きゅうかげつ	きゅうねん
10	じゅうじかん	とおか（かん）	じっしゅうかん じゅっしゅうかん	じっかげつ じゅっかげつ	じゅうねん
?	なんじかん	なんにち（かん）	なんしゅうかん	なんかげつ	なんねん

いっかげつ＝ひとつき
にかげつ＝ふたつき

조수사표 그 외 조수사①

	a. 月(がつ)	b. 時(じ)	c. 番(ばん)	d. 円(えん)	e. キロ	f. 歳(さい)
1	いちがつ	いちじ	いちばん	いちえん	いちキロ	いっさい
2	にがつ	にじ	にばん	にえん	にキロ	にさい
3	さんがつ	さんじ	さんばん	さんえん	さんキロ	さんさい
4	しがつ	よじ	よんばん	よえん	よんキロ	よんさい
5	ごがつ	ごじ	ごばん	ごえん	ごキロ	ごさい
6	ろくがつ	ろくじ	ろくばん	ろくえん	ろっキロ	ろくさい
7	しちがつ	しちじ	ななばん	ななえん	しちキロ ななキロ	ななさい
8	はちがつ	はちじ	はちばん	はちえん	はちキロ	はっさい
9	くがつ	くじ	きゅうばん	きゅうえん	きゅうキロ	きゅうさい
10	じゅうがつ	じゅうじ	じゅうばん	じゅうえん	じっキロ じゅっキロ	じっさい じゅっさい
?	なんがつ	なんじ	なんばん	なんえん	なんキロ	なんさい
그 외 조수사		時間目(じかんめ)	号(ごう) 畳(じょう) 枚(まい) 度(ど) 名(めい) 便(びん) 錠(じょう) ……… グラム（g） メートル（m） ミリ（mm）		組(くみ) ……… パーセント（%） シーシー（cc） キロ（km）	種類(しゅるい) 冊(さつ) ……… センチ（cm） ページ
주의					6(ろく)パーセント 6(ろく)シーシー	20歳(はたち)

조수사표 그 외 조수사②

	g. 回(かい)	h. 分(ふん)	i. 本(ほん)	j. 個(こ)	つ	k. 人(にん)
1	いっかい	いっぷん	いっぽん	いっこ	ひとつ	ひとり
2	にかい	にふん	にほん	にこ	ふたつ	ふたり
3	さんかい	さんぷん	さんぼん	さんこ	みっつ	さんにん
4	よんかい	よんぷん	よんほん	よんこ	よっつ	よにん
5	ごかい	ごふん	ごほん	ごこ	いつつ	ごにん
6	ろっかい	ろっぷん	ろっぽん	ろっこ	むっつ	ろくにん
7	ななかい	ななふん	ななほん	ななこ	ななつ	しちにん ななにん
8	はっかい	はっぷん	はっぽん	はっこ	やっつ	はちにん
9	きゅうかい	きゅうふん	きゅうほん	きゅうこ	ここのつ	きゅうにん
10	じっかい じゅっかい	じっぷん じゅっぷん	じっぽん じゅっぽん	じっこ じゅっこ	とお	じゅうにん
?	なんかい	なんぷん	なんぼん	なんこ	いくつ	なんにん
그 외 조수사	階(かい) 校(こう)	泊(はく)				
주의	3階(さんがい)					

문형 일람

L：課

L27	1	どちらでもいいです。
	2	間に合わなければ来月にしましょう。
	3	ちょうど今、受付が始まるところです。
	4	座れそうです。　座れそうにありません。
	5	もう読んでしまいました。
L28	1	マリーさんが（私に）英語を教えてくれました。
	2	良子さんのうちへ行く時、ケーキを買いました。 良子さんのうちへ行った時、片付けを手伝いました。
	3	（私は）武さんに引っ越しを手伝ってもらいました。
	4	（私は）武さんにおいしい物をごちそうしてあげます。
	5	・良子：明日、銀河亭で待ち合わせをしましょう。 武：その店はどこにあるの？ ・良子：明日、新宿の東口で待ち合わせをしましょう。 武：あそこは人が多すぎるから、別の所にしようよ。
L29	1	今、終わったところです。
	2	入院したと聞いて心配しました。　最近、夜寝られなくて困っています。
	3	西田先生が（私に）花をくださいました。 （私は）西田先生に花をいただきました。
	4	先生の奥さんが洗濯をしてくださいました。 先生の奥さんに洗濯をしていただきました。
	5	いろいろな人と日本語で話すようにしています。
L30	1	タイへいらっしゃるんですか。
	2	お待ちください。
	3	お借りします。

L30	4	ナプキンを取っていただけませんか。
L31	1	最近、忙しいようです。／みたいです。
	2	お祭りを見に行くことにしました。
	3	せっかく誘ってもらったのに、行けませんでした。
	4	駅に着いたら、もう人がおおぜいいました。
	5	後ろの人に押されました。
L32	1	インスタントラーメンは１９５８年に日本で初めて作られました。
	2	歌手のようです。／みたいです。 紙のように／みたいに薄いです。
	3	カップの検査をしているところです。
L33	1	毎日練習ばかりしていました。
	2	広美に家の手伝いを させました。
	3	就職したらどうですか。
L34	1	新入生は先輩にいろいろなことをさせられます。
	2	クラブに入るなら、見学してから決めたほうがいいですよ。
	3	冷やしてあります。

50음 색인

All new 개정판

Bunka 文化 日本語 4

초판인쇄	2013년 12월 13일
1 판 4쇄	2020년 10월 30일

저자	文化外国語専門学校　日本語科
책임 편집	조은형, 무라야마 토시오
펴낸이	엄태상
콘텐츠 제작	김선웅, 전진우, 김담이
마케팅	이승욱, 전한나, 왕성석, 노원준, 조인선, 조성민
경영기획	마정인, 최성훈, 정다운, 김다미, 전태준, 오희연
물류	정종진, 윤덕현, 양희은, 신승진

펴낸곳	시사일본어사(시사북스)
주소	서울시 종로구 자하문로 300 시사빌딩
주문 및 교재 문의	1588-1582
팩스	0502-989-9592
홈페이지	www.sisabooks.com
이메일	book_japanese@sisadream.com
등록일자	1977년 12월 24일
등록번호	제 300-1977-31호

ISBN 978-89-402-9132-0 18730

978-89-402-9128-3 18730 (set)